Hans-Joachim Neumann
Luthers Leiden

Hans-Joachim Neumann

Luthers Leiden

Die Krankheitsgeschichte des Reformators

Wichern-Verlag

Die Deutsche Bibliothek – CIP-Einheitsaufnahme

Neumann, Hans-Joachim:
Luthers Leiden: Die Krankheitsgeschichte des Reformators/
Hans-Joachim Neumann. – Berlin: Wichern-Verl., 1995
ISBN 3-88981-081-0

© Wichern-Verlag GmbH, Berlin 1995
Umschlagfoto: Lutherdenkmal vor der Berliner
Marienkirche von Toberitz, 1895
Fotosatz: Steinhardt, Berlin
Druck: Color-Druck Dorfi GmbH, Berlin
Buchbinderei: H. Stein, Berlin
ISBN 3-88981-081-0

Inhalt

Vorrede zu einer Lutherinterpretation aus medizinischer Sicht

Luther starb am 18. Februar 1546 in seiner Geburtsstadt Eisleben, wohin er geeilt war, „um seine lieben Landesherren miteinander zu vertragen", das heißt, im Streit der Mansfelder Grafen zu vermitteln. Seinen Abschied aus dieser Welt beschreiben Justus Jonas, Michael Coelius und Johannes Aurifaber so: Er ist im Frieden dahingegangen, „mit Stille und grosser Geduld...Und konnte Niemand merken etwas Unruhe, Qualen des Leibes oder Schmerzen des Todes, sondern er entschlief friedlich und sanft im Herrn, wie Simeon singet."

Zum 450. Todestag wird ein Buch vorgelegt, das das Leben und Werk des Reformators aus medizinischer Sicht beleuchtet. Obwohl Luthers Krankheiten mehrfach wissenschaftlich bearbeitet worden sind, beklagte Lohse 1983 immer noch den Mangel: „Eine Darstellung Luthers aus medizinischer Sicht, welche der Gestalt Luthers historisch und theologisch gerecht wird, bleibt darum bislang ein Desiderat."

Mir geht es nicht allein darum, nach vielen Jahren lediglich eine neue, wenn auch vervollständigte Krankengeschichte Luthers unter heutigen medizinischen Gesichtspunkten vorzulegen, sondern vor allem die möglichen Folgen von Luthers Krankheiten auf sein Verhalten und sein Werk zu diskutieren. Natürlich ist eine detaillierte Beschäftigung mit Luthers Krankheiten die Grundlage für eine solche Studie, die ebenso Kenntnisse der biographischen Lutherliteratur und die Erschließung wichtiger Quellen, besonders seiner Briefe und der Tischreden, voraussetzt.

Im Unterschied zu anderen Autoren bin ich aufgrund meiner Studien zu der Überzeugung gelangt, daß Luther an einer Vielzahl von Krankheiten litt, die sich nicht auf eine einheitliche Ursache zurückführen lassen, wie Ebstein es 1908 vermutet hat oder Mock 1985, so unterschiedlich beide in ihrer Aussage zur Entstehungsgeschichte seiner Krankheiten auch sind. Während Ebstein fast alle Krankheitssymptome auf Luthers „harnsaure Diathese" zurückführte, waren sie für Mock die Folge einer „endogenen Psychose". Bei allem Respekt vor diesen Darstellungen muß ich mich aber von solcher einseitigen Sicht ebenso distanzieren wie von den „Psychose-Thesen" Reiters und Eriksons, die in der Lutherforschung auch durchweg auf Skepsis gestoßen sind.

In der vorliegenden Studie kam ich nicht umhin, besonders den älteren Luther zu beachten, bei dem nachweislich mehrere Krankheiten verstärkt wirksam wurden. Eine Feststellung darf in diesem Zusammenhang schon getroffen werden, ob krankheitsbedingt, -mitbedingt oder nicht: Luthers Leistungsminderung war in seinen späteren Jahren in quantitativer und qualitativer Hinsicht unverkennbar, auch wenn eine konfessionalistische Forschungsrichtung das nicht wahrhaben will. Natürlich konnte der Leistungsabfall der späteren Jahre auch damit zusammenhängen, daß die Phase des Kampfes nunmehr von den Bemühungen um Konsolidierung abgelöst war.

Daß einige Veränderungen in Luthers Werk wie auch in seinem allgemeinen Verhalten eine Folge seiner Krankheiten waren, daß sie es zumindest in erheblichem Maße sein konnten – wer wollte das im Ernst bestreiten? Wie groß oder wie geringfügig aber war dieser Einfluß? Genau in der Beantwortung dieser Frage liegt die Problematik. Waren die Wandlungen in Luthers Verhalten ausschließlich krankheitsbedingt? Oder muß man nicht die theologischen und gesellschaftlichen Faktoren weit höher ansetzen? Floß am Ende nicht das eine in das andere? Die Antwort auf diese Fragen wird immer dort erleichtert, wo die Parallelität von Krankheitsausbrüchen und konkreten Entscheidungen Schlußfolgerungen zuläßt und wenn die Beweislage zudem überzeugend ist. In anderen Fällen muß man sich zurückhalten und darf lediglich Wahrscheinlichkeiten oder Möglichkeiten zur Diskussion stellen.

Daß Luthers akute Beschwerden sein Verhalten und seine Entscheidungen beeinflußten, kann dagegen an einer Reihe von Beispielen deutlich gemacht werden.

Auch der Abendmahlsstreit mit Zwingli, der teilweise an Schärfe noch die antirömische Polemik übertraf, war von Krankheiten mitgetragen. Andererseits empfand Luther das um Zwingli entstandene reformatorische Zentrum als eine gefährliche Konkurrenz, und die theologischen Unterschiede zu Zwingli waren tatsächlich gravierend. Beide kämpften, was Rom betraf, an derselben „Front" – das Ziel war das gleiche, aber ihre Wege unterschieden sich. Von daher wird Luthers Polemik psychologisch durchaus verständlich. Sein überzogen selbstbewußtes Verhalten mit dem folgenschweren Ausgang für das reformatorische Anliegen war fraglos multikausal bedingt, wenn auch sein „krank(es), düster(es) und verstört(es)" Auftreten in Marburg den Mißklang noch schriller werden ließ.

Besonders Marburg zeigt, daß man behutsam an ein solches Thema herangehen muß und eindeutig theologisch oder gesellschaftlich beeinflußte psychische Faktoren nicht durch medizinische verdrängen oder ersetzen darf. Dieses Problem berührt besonders stark Luthers Polemik und menschlich teilweise erschütternde Verhaltensweisen der späteren Jahre. Vergessen wir bei allem nicht, daß Luthers zunehmende Verbitterung auch noch andere als krankheitsbedingte Ursachen haben konnte, die durchaus nachvollziehbar sind, denn hier urteilte und handelte ein Verstoßener, ein Marginalisierter, unter Bann und Acht Stehender, der nicht nur unvermindert scharf den antirömischen Kampf fortsetzte, sondern sich mit teilweise noch größerer Schärfe als dort von Abweichlern im eigenen Lager distanzierte.

In diesem Zusammenhang stellt sich natürlich das schwierige Problem, ob die Krankheiten Luthers Psyche und Verhaltensweisen tatsächlich nachteilig beeinflußten oder ob es nicht gerade umgekehrt durch eine Vielzahl psychischer, objektiv oder subjektiv geistiger Faktoren zum Ausbruch seiner Krankheiten gekommen ist, wie es von Psychologen oft genug behauptet wurde.

Indes habe ich es nicht als meine Aufgabe angesehen, eine Abhandlung zu schreiben, die überwiegend von Spekulationen lebt, zumal hier die Grenzen der exakten Wissenschaft berührt werden, die ich bemüht war, meinen medizinischen Studien zugrunde zu legen.

Mir geht es, wenn ich den Anspruch erhebe, eine Lutherdarstellung aus medizinischer Sicht zu schreiben, besonders um die Herausarbeitung seiner somatischen Krankheiten, die – wie allgemein anerkannt – ihre psychischen Folgen haben konnten. Die Bedeutung der „psychosomatischen Medizin" wird damit keineswegs geleugnet – aber in Umkehrung dieses Begriffes erfolgt in dieser Pathographie eine „somatopsychische" Betrachtungsweise seiner auffälligen und oft unverständlichen Verhaltensweisen. Ich sehe Luther genau in dieser Wechselbeziehung: Leib – Seele, mit allen möglichen Konsequenzen, von denen das Leben jedes Menschen und erst recht jeder großen Persönlichkeit umgeben ist.

Aber ich kann solchen Gedankengängen nicht folgen, die den Ansatz für Luthers Krankheiten von vornherein in einer von Haus aus vorhandenen Psychose sehen, nicht allein, weil es mir widerstrebt, sondern weil hier die Tatsachen nach meinen Studien auf den Kopf gestellt werden.

Ausführliche Krankengeschichten über Luther sind insgesamt rar – überwiegend haben wir es mit Zeitschriften-Beiträgen, Stellungnahmen und Ergänzungen sowie mit Dissertationen zu tun.

Klammern wir „Die handschriftliche Geschichte Ratzeberger's über Luther und seine Zeit", die 1850 von Neudecker herausgegeben wurde, aus, dann reduziert sich die Anzahl der umfassenden Pathographien auf die 1881 von Küchenmeister, 1908 von Ebstein, beide Internisten, und auf die 1941 von dem Psychiater Reiter herausgegebenen Werke – das heißt, über ein halbes Jahrhundert blieb Martin Luther medizinisch-wissenschaftlich in größerem Umfang „unbearbeitet". Da Reiter nur bedingt in diese Reihe gehört und besser bei den Psychopathologen aufgehoben ist, verlängert sich dieser Zeitraum noch um weitere 30 Jahre.

Luthers Leben

Die Literatur über Martin Luther ist heute nicht mehr überschaubar. Generationen von Theologen und Historikern haben sich wissenschaftlich mit dem Reformator auseinandergesetzt, und es gibt durchaus bemerkenswerte, längst zu Standardwerken gewordene Biographien, die die Zeiten ihrer Verfasser überdauerten. Trotzdem war noch 1983 zu lesen, daß Luthers ausführliche Biographie „seit langem eines der größten Desiderate der Lutherforschung" ist.

In Ermangelung theologischer und historischer Spezialkenntnisse kann und will ich das nicht beurteilen. Ich kann nicht einmal sagen, ob eine solche Forderung zu Recht erhoben wird, nur weil einige Forschungsergebnisse das Lutherbild im Detail ergänzen oder korrigieren; gleichwohl bin ich der Meinung, daß es zu Martin Luther heute schon nichts grundsätzlich Neues mehr zu sagen gibt.

Zum besseren Verständnis von Luthers Krankheiten und ihren möglichen Auswirkungen auf sein Verhalten und sein Werk stelle ich dem Buch einen kurzen Lebensabriß des Reformators voran, wobei ich bewußt auf jüngste Forschungsergebnisse näher eingehe, die dem bekannten Lutherbild womöglich doch einige neue Konturen geben, zumindest aber zur Diskussion anregen können.

Für mich verlief Luthers Leben in Etappen mit klar erkennbaren Zäsuren. Innere und äußere Anlässe stellten die Weichen immer wieder neu und gaben seinem Leben häufig eine Wende. Diese Zäsuren sollen herausgestellt, ihre möglichen Ursachen untersucht und ihre Folgen überzeugend dargelegt werden.

Da Luther eine der herausragendsten Gestalten der deutschen, ja der Weltgeschichte wurde, hatten diese Folgen zwangsläufig theologische und historische Dimensionen von teilweise erheblichem Ausmaß.

Aus Luthers Frühzeit ist bis heute wenig bekannt. Das, was wir über seine Eltern und seine Schulzeit wissen, verdanken wir Luthers eigenen späteren Erzählungen. Über seine Kindheit und Schulzeit gehe ich daher schnell hinweg, zumal das erste gesicherte Datum aus Luthers Leben erst aus dem Jahre 1501 stammt.

Martin Luther wurde im Jahre 1483, wahrscheinlich am 10. November, in Eisleben als erster Sohn des aus Möhra in Thüringen stammenden Bergmannes Hans Luder und seiner Ehefrau Margarete geboren. In Mansfeld, wohin die Familie ein Jahr später umsiedelte, gelang Hans Luder allmählich der soziale Aufstieg zum Kleinunternehmer. Der junge Martin wuchs in einer nüchternen, von Sparsamkeit und Strenge bestimmten häuslichen Umgebung auf, in der es aber nicht an Geborgenheit fehlte. Der fleißige und strebsame Vater schickte seinen wachen Sohn schon mit viereinhalb Jahren auf die Mansfelder Trivialschule, an die sich Luther später ungern erinnerte, zumal dort mit Rutenhieben und anderen Strafen ziemlich sorglos umgegangen wurde. 1497 konnte Hans Luder, inzwischen zum Bergwerksunternehmer und Ratsherrn aufgestiegen, seinen begabten Sohn in die Schule der „Brüder vom gemeinsamen Leben" nach Magdeburg schicken. Ein Jahr später finden wir Martin Luther an der Lateinschule von St. Georg in Eisenach, wo er sich zur Vorbereitung auf ein Universitätsstudium Kenntnisse in den Grunddisziplinen des antiken Bildungskanons aneignete und mit dem Stiftsvikar Johannes Braun, der später bedeutsam für ihn werden sollte, in nähere Berührung kam. Die Eintragung „Martinus ludher ex mansfelt" in der Matrikel der Universität Erfurt Ende April 1501 durch den damaligen Rektor Jodocus Trutfetter ist bis heute das erste urkundliche Datum aus Luthers Leben.

Die mittelalterliche Großstadt Erfurt – im Erfurter Stadtstaat lebten etwa 50 000 Menschen, davon allein 20 000 direkt in Erfurt – hat ihren Eindruck auf den jungen Luther nicht verfehlt, dessen überdurchschnittliche Begabung der Grund dafür war, daß er bereits nach drei Semestern im September 1502 den ersten akademischen Grad der mittelalterlichen Universitätshierarchie, das Baccalaureat in artibus, erwarb. In Erfurt lebte und wohnte Luther zunächst in der Porta coeli, der Himmelspforte, die zu den angesehensten Studentenbursen zählte, bis er sie 1503 verließ. Ebenfalls zum frühestmöglichen Zeitpunkt promovierte Luther drei Jahre später, im Februar 1505, zum Magister der Freien Künste, wodurch er berechtigt war, an einer der höheren Fakultäten weiter zu studieren. Dem Wunsch seines Vaters folgend, entschied sich Luther für ein Studium der Rechte, das er am 20. Mai 1505 aufnahm. Damit ging die Verpflichtung einher, Vorlesungen an der Artistenfakultät zu halten (damalige Bezeichnung für die Philosophische Fakultät).

Zur Überraschung seiner Freunde, Studienkollegen und seiner Lehrer, vor allem aber seiner Eltern vertauschte der durch und durch weltliche Student Luther am 17. Juli 1505 das weltliche mit einem Klosterleben und wurde Augustiner-Eremit, Mönch eines Bettelordens. Dieser Schritt, die erste folgenschwere Zäsur in Luthers Leben, bei der ich noch verweilen muß, löste allgemein Verwunderung, ja regelrecht Bestürzung aus, denn Luther hatte das Studentenleben in Erfurt in vollen Zügen genossen. Er kommentierte später: Erfurt sei „ein hurhauß und birhauß" gewesen, um in einer Tischrede zu ergänzen: „Diese zwei Lektionen haben die Studenten in dieser Schule beherrscht." In einem Brief an den vertrauten Stiftsvikar Johannes Braun in Eisenach bekannte Luther offen: „Durch Völlerei und Trunkenheit gehindert, dürfte ich bisher wenig Gutes geschrieben oder gelesen haben, da ich, bei den Menschen angesiedelt, mit den Menschen herumgewirbelt wurde."

Als Motiv für diesen überraschenden Klostereintritt kennen wir das reichlich strapazierte Gewittererlebnis von Stotternheim, das sich hartnäckig bis in unsere Tage hinein gehalten hat und sich durch alle Lutherbiographien zieht. Als Luther, so die Tradition, von einem Besuch seiner Eltern in Mansfeld nach Erfurt zurückkehrte, geriet er bei dem Dorf Stotternheim am 2. Juli 1505 in ein heftiges Gewitter. Die Überlieferung will es, daß der ihn begleitende Freund durch einen Blitz tödlich getroffen wurde, wobei

D·MARTINVS· VATER·IIIII·GO
VERSCHIE DEIIII

Luther in Todesangst niederfiel und gelobte: „Hilff du, S. Anna, ich will ein monch werden."

Dieses Gelübde gehört wahrscheinlich in die Lutherlegende, da es historisch nicht zu belegen ist – aber es umgab den Reformator mit der Gloriole eines „Von oben"-Gesandten, und so wurde es über Jahrhunderte, besonders von der evangelischen Kirche, kultiviert. Luther selbst hat sich merkwürdigerweise bei all seiner Redseligkeit darüber ausgeschwiegen.

Was Luthers Klostereintritt und das abgelegte Gelübde, für das es keine Zeugen gab, anbelangt, so bewegen wir uns heute tatsächlich noch im dunklen und sind auf Mutmaßungen angewiesen. Wir wissen lediglich – und das von Luther selbst –, daß er unfreiwillig ins Kloster ging. Ein Bekenntnis dieser Art hat Luther später häufig abgegeben, wenn er zum Beispiel sagte, er habe durch Schrecken und Entsetzen vor einem plötzlichen Tod ein „gezwungen und gedrungen Gelübde" abgelegt. Warum aber, sagte Luther nicht. Wenn dieses Gewitter am 2. Juli 1505 „das Faß zum Überlaufen brachte", dann erhebt sich zu Recht die Frage, wodurch es überhaupt gefüllt wurde.

Eine Antwort finden wir angeblich in Luthers letzten Studententagen, als er sich Anfang Januar 1505 dem Magisterexamen unterzieht und unter 17 Kandidaten die zweitbeste Prüfung ablegt. Den graduierten Studenten, dazu gehörten ebenfalls die Bakkalare, also auch Luther, war es erlaubt, einen Degen zu tragen. Zwischen dem Magisterexamen und der Magisterpromotion verstirbt überraschend Luthers Freund Hieronimus Buntz aus Winßheim. Der Prüfungsvorsitzende, Maternus Pistorius, vermerkte dazu: „... nicht promovirt, weil er während der Censur an Pleuritis erkrankt nicht lange darnach eines natürlichen Todes starb, gelehrt und fromm." Mit dieser Eintragung, die weitere Fragen nicht aufkommen ließ, war der Vorfall abgeschlossen – so könnte man meinen. Jahrhundertelang legte sich der Mantel des Schweigens über diese Begebenheit. Es soll Indizien dafür geben, daß es zwischen Luther und

Luthers Vater. Gemälde von Lucas Cranach d.Ä., 1527

Hieronimus Buntz in der Zeit zwischen den beiden Prüfungen zu einem mit Waffen ausgetragenen Zweikampf gekommen ist, dem letzterer erlag. War es Affekt, war es Notwehr? Fragen, die offen bleiben müssen.

Ein Nichttheologe, der Wirtschaftsjurist Dietrich Emme aus Bonn, förderte diese Dinge ans Tageslicht. Er bringt für seine Hypothesen, die in der Lutherforschung nicht nur auf Skepsis, sondern auch auf Ablehnung gestoßen sind, mehr Indizien- als Dokumentenbeweise. Es gibt aber auch, besonders in der katholischen Lutherforschung, Zustimmung. Wenn ich Albert Mocks Buch „Abschied von Luther" lese, habe ich den Eindruck, daß wir zurückfallen in die finsteren Zeiten eines Johannes Cochläus, als habe es einen Joseph Lortz nie gegeben. Beide sind noch vorzustellen.

Nach Emme, der sich im Grunde auf die viel älteren Publikationen von Georg Oergel stützt und dessen Ergebnisse lediglich anders interpretiert, tötete Martin Luther seinen Freund Hieronimus Buntz zwischen den beiden Prüfungen im Winter 1505. Luther hat später – und das immer wieder – den Tod eines Freundes beklagt, das ist wahr. Die ältesten Lutherbiographen Johann Mathesius, Philipp Melanchthon und Nikolaus Selnecker, die sich in ihren Lebensbeschreibungen schon mit dieser Frage auseinandersetzten, waren der Meinung, daß ein Jugendfreund Luthers im Zweikampf erstochen wurde und daß das heftige Gewitter, in das Luther geriet, der Grund für seinen Klostereintritt gewesen sei. Hören wir dazu, stellvertretend für alle drei, Luthers Freund und engsten Mitstreiter Philipp Melanchthon, der nach dem Ableben Luthers folgendes zu Papier brachte: „Diese Schrecken hat er entweder zuerst oder am heftigsten in dem Jahr empfunden, als er einen guten Freund verlor, der, ich weiß nicht durch was für einen Unfall, getötet wurde."

Fest steht, daß ein Freund Luthers, wer immer es war und wie immer er auch hieß, starb. Und fest steht auch, daß Luther seinen Tod betrauerte und seinen Verlust schwer verwand. Soweit scheint Luthers Verhalten, gestützt durch eigene Äußerungen, Emme recht zu geben, vorausgesetzt, daß dieser Freund Hieronimus Buntz hieß, und ebenfalls vorausgesetzt, daß er durch Luthers

Hand fiel. Nach Martin Brecht verstarb Buntz jedoch an den Folgen der Pest, was sich weder mit der Eintragung von Pistorius noch mit den Studien von Oergel in Einklang bringen läßt.

Oergel schrieb 1899, Luther habe den Tod des Hieronimus Buntz „... nie vergessen und später seinen Freunden und Tischgenossen öfter davon erzählt. Nur müssen diese ihn mißverstanden haben, denn wenn er, wie natürlich und wahrheitsgemäß von ‚Stichen‘ sprach, die sein Freund erlitten, so verstanden sie das von ‚Dolchstichen‘, die ihm von feindlicher Hand beigebracht worden. So ist die Sage von der Erstechung seines Freundes entstanden. Es war ein natürlicher Todesfall infolge einer nicht ungewöhnlichen Krankheit ...“

Für Emme sind die „Stiche“ Stichverletzungen infolge von Waffengewalt, Dolchstiche in die Seite. Seitenstiche, besser

Seitenstechen, sind ein obligatorisches Symptom einer Pleuritis – ich als Arzt wäre da vorsichtiger mit einer solchen Aussage.

Was Emmes Hypothese fragwürdig macht, ist die Tatsache, daß er keinen einzigen Dokumentenbeweis dafür bringen kann, daß der unterstellte Zweikampf zwischen Hieronimus Buntz und Luther ausgetragen wurde.

Noch einmal müssen wir Oergel dazu hören, der schließlich von Emme als Kronzeuge angerufen wurde: „Da wurde Hieronymus von der Pleuritis (Seitenstechen, Rippenfellentzündung) befallen und erlag dem heftigen Fieber in wenigen Tagen. Statt auf die cathedra magistrorum (Kanzel der Lehrer, d. Verf.) zu steigen, wurde er auf die Bahre gelegt, und statt mit ihm zum heiteren Promotionsmahle zu wandern, mußte Luther seinen jungen Freund zum Grabe geleiten. Daß dies Ereignis auf alle Mitmagistranden tiefen Eindruck machte und ein Dämpfer ihrer akademischen Festfeier war, ist selbstverständlich, auf Luther aber wirkte es tief erschütternd und war für ihn die erste starke Mahnung, an Tod und Gericht zu denken und noch etwas anderes zu suchen als akademische Grade und weltliche Ehren."

Die Formulierung Oergels ist ziemlich eindeutig und spricht eigentlich gegen eine solche Tat. Der Tod wirkte auf alle Mitmagistranden erschütternd, nicht nur auf Luther. Was die Deutung erschwert, ist, daß wir den Lebenslauf der anderen 15 Magister nicht kennen und daher nicht sagen können, ob auch sie dieser plötzliche Tod ihres Kommilitonen so erschütterte wie Luther. Daß „es tief erschütternd" auf Luther wirkte, spricht doch mehr für als gegen ihn.

Hätte Luther Hieronimus Buntz tatsächlich tödlich verletzt, so hätte dieser wohl kaum geschwiegen, denn er starb ja nicht an Ort und Stelle, sondern später an den Folgen einer Pleuritis. Der solcherart Verletzte hätte sich womöglich selbst dazu geäußert, und eine strafrechtliche Verfolgung wäre auch damals sofort in die Wege geleitet worden, denn immerhin hatte Kaiser Maximilian I. 1495 auf dem Reichstag zu Worms den „Ewigen Landfrieden" verkündet, nach dem eigenmächtige Waffengewalt Strafe und Reichsacht zur Folge hatte. Hieronimus Buntz starb im Januar 1505, Luther aber ging erst am 17. Juli in das Kloster. Unwahrscheinlich ist, daß Luthers Schritt die Flucht vor einer drohenden Gefangennahme sein konnte wegen eines Deliktes, das mehr als ein halbes Jahr zuvor verübt worden war. Schwer vorstellbar, daß der Täter – auch damals – unbehelligt über ein halbes Jahr herumlaufen konnte.

Nun aber zu Emmes eigentlichen Argumenten! Emme leitet seine Behauptung allein aus Luthers Verhalten und Äußerungen her, die teilweise tatsächlich merkwürdig klingen und daher hier genannt werden müssen. Statt der zu erwartenden Freude nach seiner glänzend bestandenen Magisterpromotion verfällt Luther zur Verwunderung seiner Studienkollegen in Trübsinn und Schweigen. Seine bekannte Fröhlichkeit und Geselligkeit verkehren sich in Grübelei und Schwermut, mit der er seine qualvollen Stunden und Tage in selbstgewählter Einsamkeit zubringt. Luthers Selbstanklagen wie „O meine Sünde, Sünde, Sünde" dem Generalvikar der Augustinerkongregation Johannes von Staupitz gegenüber sind nicht nachvollziehbar, denn sein sündhaftes Verhalten hatte sich in nichts von dem seiner Studienkollegen unterschieden. Als er das Pauluswort im Galaterbrief 6,1, „Lieben Brüder, so ein Mensch etwa von einem Fehler übereilet würde; so helfet ihm wieder zurecht mit sanftmüthigem Geist, die ihr geistlich seyd. Und siehe auf dich selbst, daß du nicht auch versuchet werdest", gelesen hatte, fand er eine Entlastung seines Gewissens und kommentierte den Text später so: „... is textus semel me beym leben erhalten."

Totschlag oder Tötung ein Fehler? Wohl das mindeste, was man über einen Totschlag sagen kann. Woher wissen wir aber, daß Luther sich mit dem weitgespannten Begriff „Fehler" begnügte und darin seinen Trost fand? Aber, so Emme, nicht die Berufung auf den Galaterbrief allein ist ein Hinweis auf Luthers Tat und ihre Folgen – es gibt derer mehr. Im Jahre 1529 bekannte Luther während einer Predigt in Wittenberg: „Ich selbst bin ein Mönch gewesen, der mit ernst from wolt sein. Aber je tieffer ich hin ein gangen bin, yhe ein grosser bub und Menschentöter bin ich gewesen."

Ein Menschentöter während seiner Klosterzeit, also nach der angeblichen Tat, die ihn ins Kloster trieb! Schwer zu sagen, was

Luther damit meinte, aber kein Eingeständnis. Vielleicht läßt es im übertragenen Sinne auch die Deutung zu, daß er aufgrund seines opponierenden Verhaltens einige, der römischen Kirche verhaftete Mitmenschen „getötet" hatte, geistlich, nicht körperlich natürlich.

In einer von Veit Dietrich 1532 aufgezeichneten Tischrede äußerte Luther: „Nach dem außerordentlichen Ratschluß Gottes bin ich zum Mönch gemacht worden, damit sie mich nicht gefangen nehmen. Sonst wäre ich sehr leicht gefangen worden. So aber konnten sie es nicht, weil es nham sich der gantz orden mein an."

Diese Äußerung stimmt nachdenklich, aber ist sie echt? Köstlin vermutete, daß der plötzliche Tod eines Freundes die letzte Ursache für Luthers Klostereintritt gewesen sei. Den durch den Blitz erschlagenen Freund nennt die Sage – aber nur die Sage! – Alexius. Das alles ist wenig glaubhaft, denn der 17. Juli, der Tag des Klostereintritts, ist der Tag des „Heiligen Alexius". Und so entstand wohl fälschlich dieser Name, der sich auf das Datum, nicht aber auf die Person bezog.

Dem in seinen Hoffnungen getrogenen Vater soll der Klostereintritt mit dem Gewitter von Stotternheim erklärt worden sein. Der jedoch war skeptisch und schrieb ihm voller Mißtrauen: „Gott geb, daß es nicht ein Betrug und teuflisch Gespenst sey..." Nach einer Aufzeichnung von Justus Jonas aus dem Jahre 1538 war Luther von Erfurt nach Gotha gezogen, um dort für sein weiteres Studium juristische Bücher zu erwerben. Nach dieser Version ereilte ihn das Gewitter auf dem Rückweg von Gotha. Nach seiner Rückkehr aus Gotha veräußerte Luther die soeben erworbenen Bücher und lud aus dem Erlös seine Freunde und Bekannten zu einem Festmahl ein. Das war sein Abschied von der Welt, denn noch in derselben Nacht ging Luther ins Kloster der Augustiner-Eremiten.

Aber entspricht das der Wahrheit? Der Wahrheit am nächsten kommt, daß Luther zu seinem Vertrauten und Gönner, dem Stiftsvikar Johannes Braun, nach Eisenach reiste, dessen Rat er in einer verzweifelten Lage, die jedoch keineswegs ein Totschlag sein mußte, dringend bedurfte. Offenbar hat sich Luther Johannes Braun voll anvertraut, der ihm den einzigen Ausweg aufzeigte: den Weg ins Kloster. Nichts spricht dagegen, daß Luther auf seiner

Heimkehr von Eisenach in ein Gewitter bei Stotternheim geriet. Aber nicht das traditionsreiche Gewittererlebnis war das alleinige Motiv für seinen Klostereintritt, sondern das Ergebnis der Gespräche mit Johannes Braun. Dies jedenfalls ist Emmes Schlußfolgerung, der als Motiv für diese Reise allein Luthers Tat sieht.

Emme bemüht für Luthers Reise nach Eisenach ein Bild aus dem Alten Testament. Für ihn flüchtete Luther zu Pater Braun wie einst Moses vor dem Pharao in das Land der Midianiter, weil er einen ägyptischen Aufseher erschlug. Der Vergleich ist anschaulich, wenn auch lückenhaft. Denn Moses floh ins Ausland, Luther aber kehrte zurück an den „Tatort", nach Erfurt nämlich.

Wie immer es gewesen sein mag, fest steht, daß Luther unfreiwillig Mönch wurde. Das erfundene oder tatsächliche Gewitter bei Stotternheim war bestenfalls Auslöser, dem ganz andere Gewitterstürme vorausgegangen sein müssen. Die Beweggründe der Menschen vor einem halben Jahrtausend sind für uns nicht mehr nachvollziehbar. Der Ausspruch „Verzweiflung macht den Mönch" traf nicht allein auf Luther zu. Die Depression, wie Friedenthal schreibt, war ein Zeichen seiner Zeit und nicht nur individualspezifisch für Luther. Symbole der Vergänglichkeit wie der Totentanz finden sich besonders in der Kunst und Malerei des zu Ende gehenden Mittelalters.

Luthers Klostereintritt war fraglos multikausal bedingt. Bis in seine Universitätsjahre hinein war der Vater für ihn die unanfechtbare Autorität. Er beugte sich dessen Willen und nahm ein Jurastudium auf, das seinen Neigungen keineswegs entsprach. Glänzend bestandene Prüfungen führten zu akademischen Graden und weltlichen Ehren schon in jungen Jahren, bis der Tod eines Freundes ihn daran gemahnte, daß es im Leben um fundamentalere Dinge als um Ruhm und Anerkennung vor den Menschen gehe. Er zog sich vom gesellschaftlichen Leben immer mehr zurück und wählte für sich die höhere Autorität, die Kirche. Überdies quälten den Empfindsamen schon lange seine Sünden. Seine Zeit, aber ganz besonders Luther, empfand allein die körperliche Existenz als sündhaft. Zudem scheint Luther auch einen ganz konkreten Grund für seine Sündengedanken gehabt zu haben – in Gestalt einer verheirateten Frau, und dem ist meines Erachtens bislang viel zu wenig Beachtung geschenkt worden. In einer von Veit Dietrich aufgezeichneten Tischrede läßt sich Luther über einen angeblichen Freund aus, der durch die Zuneigung zu einer verheirateten Frau in große Konflikte gestürzt worden sei. Man hat nachweisen können, daß Luther hier über sich selbst gesprochen hat. Er verurteilte den Ehebruch, bei dem der Teufel mit im Spiel sei. Offenbar kannte Luther diese Frau schon seit seiner Beinverletzung im Jahre 1503. Die Situation belastete ihn psychisch stark, denn seines sündhaften Verhaltens war Luther sich auch aus diesem Grunde bewußt. 1526 äußerte er sich in einer Predigt: „Wir sind Pilger (gewesen), da ließ man Weib und Kind und wurde ins Kloster gejagt." Niemand vermag zu sagen, ob Luther damit sich ansprach oder den Mönchsstand allgemein.

In einem Brief an Johannes von Staupitz vom 9. Februar 1521 war Luther unmißverständlicher, wenn er schrieb: „Mag ich immerhin als hoffärtig, geizig, als ein Ehebrecher, Totschläger, Feind des Papstes und aller Laster schuldig gefunden werden, wenn ich nur nicht des gottlosen Stillschweigens angeklagt werde." Die Bezeichnung „Totschläger" würde ich nicht überbewerten, er hatte ja weiß Gott vieles und viele „totgeschlagen", denn immerhin stand er bereits um diese Zeit unter Bann und Interdikt und sollte bald schon ein Geächteter sein. Der „Ehebrecher" läßt dagegen aufhorchen, selbst wenn im übertragenen Sinn der „Ehebruch" mit der Kirche oder mit dem Orden gemeint sein konnte, denn Priester beziehungsweise Mönche galten als mit der Kirche oder ihrem Orden verheiratet.

In dieser deprimierenden und ausweglosen Situation, die durch den plötzlichen Tod des Freundes noch verdüstert wurde, war Luther am 2. Juli 1505 in das Gewitter von Stotternheim geraten. Er begriff dieses Zeichen und ging den Weg, den er gehen mußte, um herauszukommen aus Verzweiflung und Sünde, um Gnade vor der höchsten Autorität zu finden. Für Brecht gehört dieses Ereignis „zu den großen und folgenreichen Bekehrungsvorgängen in der Geschichte der Kirche".

Im Kloster wurde Luther zunächst mit den niedrigsten Aufgaben eines Hausknechtes betraut. Aufgrund einer späteren Äußerung von ihm, er sei „Ende desselben Jahres Mönch" geworden, kann man

Johannes von Staupitz. Nach dem einzig authentischen Bild des Generalvikars im St. Peter-Kloster zu Salzburg, 1522

vermuten, daß Luther das Noviziat erst Ende 1505 antrat, den Schutz des Ordens und die Immunität der Mönche allerdings schon seit dem Juli genoß. In seiner Vorliebe für eine kräftige, bilderreiche Sprache kommentierte Luther diesen Zustand so: „Die Bischöfe wagten nicht, auch nur einen einzigen Mönch anzurühren, denn wenn ein sau schry, so lieff der gantz kober zusammen."

Geduldig und gehorsam kam Luther im Kloster allen Verpflichtungen nach, wenn die Erledigung der ihm übertragenen, teilweise geradezu entwürdigenden Aufgaben auch oft an die Grenzen seiner physischen und psychischen Belastbarkeit stieß. Obwohl er bereits Magister war, habe man ihn „gezwungen zu betteln, Käse zu schlagen und die Latrinen zu reinigen ... Nicht viel studieren! Den Sack auf den Rücken und mit dem Sack durch die Stadt" war die Parole der Klostergenossen.

Sein bohrender Geist und seine vielen Fragen führten zu intensiver Beschäftigung mit der Bibel, so daß die Ordensoberen bald auf ihn aufmerksam wurden. Am 27. Februar 1507 erhielt er bereits nach zwei Jahren die Priesterweihe, wo es erstmals wieder zu einer Begegnung mit seinem Vater kam, der sich inzwischen mit dem Klostereintritt seines Sohnes ausgesöhnt hatte. Dazu trug sicher auch der Umstand bei, daß zwei Brüder Luthers im Jahre 1505 nach seinem Eintritt ins Kloster an den Folgen der Pest gestorben waren, was Luther zusätzlich in seinem Schritt bestärkt haben mochte.

Seinem väterlichen Freund und Gönner, dem Generalvikar der deutschen Augustinerkongregation, Johannes von Staupitz, verdankte Luther, daß er im Jahre 1508 auf dessen Empfehlung als Lektor der Philosophie an die 1502 von Kurfürst Friedrich III. dem Weisen gegründete Leucorea zu Wittenberg berufen wurde.

Philosophische Vorlesungen halten zu müssen, empfand Luther stets als Last. Er wünschte sich, die Philosophie mit der Theologie vertauschen zu können, die für ihn „den Kern der Nuß und das Mark des Weizens und der Knochen erforscht". Wiederum kam ihm die Gunst des Generalvikars zustatten, der ihm nach kurzem ein Theologiestudium ermöglichte, das nur Begabtesten und Pflichteifrigsten zuteil wurde. Nach fünf Jahren schon schloß Luther sein Studium ab, obwohl eine doppelte Ausbildungszeit die Regel war.

In Ordensangelegenheiten begab sich Luther gemeinsam mit einem Klosterbruder im Herbst 1510 auf eine Reise nach Rom mit dem festen persönlichen Vorsatz, eine Generalbeichte seines gesamten bisherigen Lebens abzulegen. Im April 1511 kehrte er tief beeindruckt von der Ewigen Stadt zurück, wenngleich ihn die Verweltlichung der römischen Kirche sehr bedenklich stimmte, wie er sich später äußerte.

1512 promovierte Martin Luther zum Doktor der Heiligen Schrift. Da der Orden sich außer Stande sah, die Promotionsgebühren, vor allem aber die Kosten für die obligatorischen Feierlichkeiten zu entrichten, wurden diese vom Kurfürsten getragen mit der Auflage, daß Luther die Bibelprofessur des überlasteten und häufig abwesenden von Staupitz übernehme, und zwar auf Lebenszeit.

Aus dieser Zeit, auf jeden Fall nach 1512, datiert Luthers „Turmerlebnis", dessen Ort und Tag nicht bekannt sind. Die „reformatorische Wende", die zweite Zäsur in Luthers Leben, hängt zusammen mit dem, was sich ihm im Römerbrief 1,17 erschloß, wo es heißt: „Der Gerechte wird seines Glaubens leben!" Für Luther führte „...jene Paulusstelle wahrhaft zur Pforte des Paradieses." Die Erkenntnis der Rechtfertigung „allein aus dem Glauben", „sola fide", war Luthers Schlüsselerlebnis. Allein der Glaube, allein die Schrift, allein die Gnade, allein Christus sind die entscheidenden Aussagen der Reformation.

Luthers mitreißende Vorlesungen über die Psalmen und die paulinischen Schriften, besonders über den Römer- und den Galaterbrief, seine Überzeugungskraft in der Verkündigung des Wortes, gepaart mit einer seltenen rhetorischen Gewandtheit, machten Wittenberg binnen kurzem zu einer der bedeutendsten Universitäten Europas. Allein 300 bis 400 Studenten füllten täglich seine Hörsäle.

Durch seine intensiven Studien der Bibel und theologischer Schriften sowie durch sein allmählich gestiegenes Selbstbewußtsein begann er schon früh, bestimmte kirchliche Praktiken, vor allem aber die scholastische Theologie in immer stärkerem Maße in Frage zu stellen. In den Jahren von 1514 bis 1518 führte der junge Professor mit einigen Freunden erste Universitätsreformen durch, stellte aber noch keineswegs die katholische Kirche in Frage.

Die dritte Zäsur in Luthers Leben bahnte sich 1517 an. Aufgrund seiner religiösen Überzeugung und seiner theologischen Erkenntnisse wandte sich Luther gegen das Unwesen des Ablaßhandels vor allem durch den Dominikanermönch Johann Tetzel. Am Vorabend des Allerheiligenfestes, also am 31. Oktober, schlug Luther im Jahre 1517 der Überlieferung nach 95 Thesen an die Tür der Schloßkirche zu Wittenberg, wandte sich gegen den Ablaß und rief zur Buße auf und machte nach Wendelborn schon auf seine neue Theologie aufmerksam.

1526
VIVENTIS·POTVIT·DVRERIVS·ORA·PHILIPPI
MENTEM·NON·POTVIT·PINGERE·DOCTA·
MANVS

Ob der Thesenanschlag in der überlieferten Form stattfand, ist unsicher. Der katholische Lutherforscher Erwin Iserloh hat 1961 die Historizität des Ereignisses bestritten, was jahrhundertelang in der protestantischen Kirche tabu war. Es entsprach ja dem akademischen Brauch, auf diese Weise zu Disputationen aufzurufen. Da Luthers Thesen, so Iserloh, aber nicht für die Öffentlichkeit bestimmt waren, sondern lediglich die Grundlage für ein wissenschaftliches Streitgespräch unter den Wittenberger Gelehrten bilden sollten, ist die Veröffentlichung in der beschriebenen Form vielleicht doch fragwürdig. Aber auch der Thesenanschlag gehört längst in die Lutherlegende. Wichtig allein ist, daß Luther mit seinen 95 Thesen die Reformation einläutete.

Die junge Humanistengeneration stellte sich enthusiastisch hinter Luther und verbreitete dessen Thesen in Windeseile in ganz Deutschland. Ungewollt trat der Augustinermönch und Universitätsprofessor aus der Abgeschiedenheit einer Studierstube in den Brennpunkt der Öffentlichkeit, stellte sich kraftvoll an die Spitze der eingeleiteten antirömischen Bewegung und nahm den Kampf gegen Papst und Kaiser auf, der bedrohlich nahte.

Luther hatte die Unfehlbarkeit des Papstes in Glaubensfragen und die der Konzilien nicht nur angezweifelt, er hatte sie bestritten und ließ nur eine Wahrheit gelten: die Heilige Schrift allein. Das mußte zum Widerspruch herausfordern und seine Gegner auf den Plan rufen. Der Ingolstädter Theologe Dr. Johannes Eck forderte die Verbrennung des Wittenberger „Ketzers", der sich in eine gefährliche Nähe zu Jan Hus begeben habe.

Zunächst setzte sich Luther in literarischen Fehden mit seinen Gegnern auseinander, stand er doch unter dem Schutz seines Kurfürsten durch die ständige Vermittlung des Hofkaplans Georgius Spalatin, der mit Luther sympathisierte. In seinen Schriften wandte sich Luther gegen Johann Tetzel, den Dresdner Hofkaplan Hieronymus Emser, den Ketzerrichter Jakob von Hoogstraten und gegen den päpstlichen Sachverständigen in Glaubensfragen, Sylvester Mazzolini, genannt Prierias.

Philipp Melanchthon. Kupferstich von Albrecht Dürer, 1526

Kaum ein Mensch hat soviel in seinem Leben geschrieben wie Martin Luther, selbst wenn er ohne jeden schriftstellerischen Ehrgeiz war, wie Lohse meint. Da er seine Schriften außer in lateinischer auch in deutscher Sprache abfaßte, erzielte Luther eine immense Breitenwirkung und wurde bald zum meistgelesenen Autor seiner Zeit. Seine Werke erreichten Auflagen von bis dahin nicht gekannter Höhe.

Indessen war Luther nicht nur in den Augen der Kurie, sondern auch nach der Ansicht des alternden Kaisers Maximilian I. ein „notorischer Ketzer", gegen den energisch vorzugehen sei. Kurfürst Friedrich der Weise wurde von seinem Kaiser aufgefordert, den opponierenden Augustinerpater zum Verhör und zur Aburteilung nach Rom zu senden. Der jedoch hielt weiterhin schützend seine Hand über Luther und konnte das Verhör in Rom abwenden, um es auf deutschem Boden zu erwirken. Friedrich der Weise war durch das erzgebirgische Silber reich geworden und von daher für die nächste Kaiserwahl auch für den Vatikan von einigem Interesse. Seine Stimme hatte also Gewicht, nicht allein im Kurfürstenkollegium.

Am 12. Oktober 1518 fand dann im Fugger-Haus in Augsburg am Rande des Reichstages eine Begegnung zwischen Luther und dem päpstlichen Legaten, Kardinal Thomas de Vio von Gaëta, genannt Cajetan, statt, die alles andere als ungefährlich für den Wittenberger war. Cajetan verlangte nichts weniger als den Widerruf. Als Luther den verweigerte, konnte sich der „schäbige Bettelmönch" nur durch eine nächtliche Flucht der drohenden Gefangennahme entziehen.

Im Sommer 1519 führte eine literarische Fehde zwischen Luthers Kollegen und Mitstreiter Andreas Bodenstein, genannt Karlstadt, und Johannes Eck zu einer Disputation in Leipzig, an der auch Luther teilnahm. Die Disputation wurde dann mehr zwischen Eck und Luther als mit Karlstadt ausgetragen. Luther berief sich auch hier allein auf die Autorität der Schrift, die für ihn

Ulrich von Hutten. Anonymer Holzschnitt

Ulrich von Hutten.

größer als die der Kirche war. Außerdem bestritt er erneut die Unfehlbarkeit von Konzilsentscheidungen und bezeichnete viele Artikel des zu Konstanz verbrannten „Ketzers" Jan Hus als gut evangelisch. Als die Leipziger Disputation endete, war Luthers Bruch mit der Papstkirche besiegelt.

Sein mutiges Auftreten und seine Überzeugungen fanden eine große Resonanz in der deutschen Öffentlichkeit. Namhafte Humanisten interessierten sich in zunehmendem Maße für den Wittenberger Augustinermönch, unter ihnen auch der bedachtsame Erasmus von Rotterdam.

1518 war der erst 21jährige Professor für Griechisch, Philipp Melanchthon, nach Wittenberg berufen worden. Er sollte bald zum engsten Mitstreiter und besten Freund Martin Luthers werden. Für die reformatorische Bewegung war das Jahr 1520 von ganz besonderer Bedeutung, weil Luther in diesem Jahr seine drei reformatorischen Hauptschriften herausgab. In seiner Schrift „An den christlichen Adel deutscher Nation von des christlichen Standes Besserung" wandte er sich an die weltliche Obrigkeit im Kampf gegen die Mißstände der römischen Kirche. Zugleich war das ein erster Schritt in Richtung Landeskirchentum und eine Stärkung der Position der Territorialfürsten.

In „Von der babylonischen Gefangenschaft der Kirche" (De Captivitate Babylonica Ecclesiae Praeludium) griff Luther die katholische Sakramentenlehre an und ließ allein die Taufe und das Abendmahl, bestenfalls noch die Buße als Sakrament gelten. Mit seinem Werk „Von der Freiheit eines Christenmenschen", das in zwei Tagen entstand, umriß Luther sein neues Frömmigkeitsideal und formulierte die Grundzüge seiner reformatorischen Ethik.

Vertreter aller Volksschichten bekannten sich mittlerweile zu Luther und wandten sich von der alten Kirche ab. Es war überhaupt der Höhepunkt seines Ruhms in Deutschland. Für ihn interessierten sich nicht nur die Humanisten, sondern auch die

Franz von Sickingen. Eisenätzung (?) von Hieronymus Hopfer, 16. Jahrhundert

FRANCISCVS · VON · SICKINGEN

ALLEIN · GOT · DI · ER · LIEB
DEN · GEMEINE · NVCZ · BESCH
IRM · DI · GERECHT IKEI
· I · H ·

Kreise der Ritterschaft, wie der über militärisches Ansehen und Macht verfügende Condottiere Franz von Sickingen, der Luther mehrfach Schutzangebote machte. Als aber Ulrich von Hutten für die neuen Ideen zu den Waffen greifen wollte, erklärte Luther ihm und allen programmatisch: „Ich möchte nicht, daß man mit Gewalt und Mord für das Evangelium stritte; durchs Wort ist die Welt überwunden, durchs Wort die Kirche erhalten worden, durchs Wort wird sie auch wieder hergestellt werden; ja auch der Antichrist wird, wie er ohne Faust angefangen hat, so auch ohne Faust zermalmt werden durchs Wort." Luther war kein Revolutionär. Sein Schlachtfeld war das Podium, und seine Waffe war das Wort.

Da das vom Papst geforderte Revoce! – Widerrufe! – ohne Antwort blieb, sollte der päpstliche Bannstrahl seinem „ketzerischen" Wirken, das dem von Jan Hus gleichgesetzt wurde, zu dem Luther sich ja auch bekannt hatte, ein Ende setzen. Am 15. Juni 1520 wurde in Rom die Bannandrohungsbulle „Exsurge Domine", die 41 Sätze Luthers als „häretisch... und der katholischen Lehre widersprechend" verurteilte, veröffentlicht. Innerhalb von 60 Tagen sollte Luther widerrufen. Der jedoch verbrannte die Bulle zusammen mit den kanonischen Rechtsbüchern, den „Summa angelica", und den Schriften Ecks und Emsers am 10. Dezember 1520 im Beisein von Bürgern, Studenten und Professoren auf dem Schindanger vor dem Wittenberger Elstertor. Als die Flammen loderten, rief er aus: „Weil du den Heiligen des Herrn (Christum) verstört hast, so verstöre dich das ewige Feuer!" Noch heute ist in der Eingangshalle des ehemaligen Wittenberger Augustinerklosters zu lesen: „Ich habe einmal des Papstes Dekret allhier zu Wittenberg verbrannt, und ich wollts wol noch einmal verbrennen." Als Papst Leo X. am 3. Januar 1521 die endgültige Exkommunikation Luthers durch die Bannbulle „Decet Romanum Pontificem" aussprach, wurde diese in Deutschland kaum noch beachtet.

Luthers Lage hatte sich dramatisch zugespitzt. Aber in demselben Maße, wie er vom Vatikan verstoßen wurde, fand er Unterstützung und Hilfestellung von seinem Kurfürsten, der sich aus diplomatischen Erwägungen selbst bedeckt halten mußte, vom Magistrat der Stadt Wittenberg und der Universität, die sich samt

Papst Leo X.
Handzeichnung von
Sebastino del Piombo

Am 10. Dezember 1520
verbrannte Luther die
päpstliche Bannan-
drohungsbulle und weitere
kanonische Schriften vor
dem Wittenberger Elstertor.
Holzschnitt aus: Ludwig R.
Rabus, Historien Der
Heyligen Auserwölten,
1556-1558

und sonders hinter ihren populären Professor stellten. In Nikolaus von Amsdorf, Johannes Agricola, Caspar Cruciger, Justus Jonas und Johannes Bugenhagen fand Luther tatkräftige Mitstreiter, zu denen selbstverständlich auch Philipp Melanchthon und der luthertreue Hofkaplan Spalatin gehörten.

Im Herbst 1520 berief Kaiser Karl V. für den Januar 1521 einen Reichstag nach Worms ein und akzeptierte nach längerem Tauziehen Luthers Verhör, zumal der päpstliche Bannstrahl seine Wirkung vollends verfehlt hatte. Die Einladung an Luther erging erst am 26. März. Kurfürst Friedrich der Weise, der weiterhin schützend seine Hand über Luther hielt, erwirkte vom Kaiser für seinen Professor ein freies Geleit von 21 Tagen. Am 2. April brach Luther aus Wittenberg auf. Der Reichsherold Caspar Sturm, längst ein begeisterter Lutheranhänger, begleitete den unter Bann und Interdikt Stehenden auf seiner Reise von Wittenberg nach Worms, die einem Triumphzug durch ganz Deutschland glich. Obwohl es Luther untersagt war, unterwegs zu predigen, brach er dieses Verbot doch mehr als einmal, zumal das Volk in allen Städten zusammenlief, um diesen unerschrockenen und mutigen Gottesmann zu sehen und zu hören. Luthers Freunde bangten um sein Leben und hatten ihm abgeraten, nach Worms zu ziehen. Aber furchtlos hielt ihnen Luther entgegen: „Da gleich so viel Teuffel uf Ihm hielten, Als zu Wormbs Ziegell uf den Dechern wehren, Dannoch wolte er mitten durch sie hinein und sein bekentnus offentlich thun."

Am 16. April traf Luther, begleitet von 100 Berittenen, in Worms ein, wo er im Hause der Johanniter abstieg. Schon am nächsten Tag hatte er um 16 Uhr vor Kaiser und Reichsständen Rede und Antwort zu stehen. Aufgefordert zu widerrufen, bat Luther zur Überraschung seiner Anhänger um Bedenkzeit. Karl V. gewährte ihm die Bitte und vertagte die Entscheidung. Am 18. April war jener dann wieder der „alte Luther". Sein Auftreten war fest und sicher. Er bekannte, daß die ihm vorgelegten und verlesenen Schriften aus seiner Feder stammten, sprach lange und geschickt. Er räumte ein, daß er gern widerrufen wolle, falls seine Lehre und seine Auslegung der Schriften überzeugend und plausibel widerlegt würden. In den Deutschen Reichstagsakten heißt es darüber:

Reichsherold Caspar Sturm. Silberstiftzeichnung von Albrecht Dürer, 1520

„Diesmal sprach er unerschrocken und mit lauter Stimme, daß ihn die Menge verstehen konnte. Seine Redeweise war zwar demütig und zurückhaltend, aber nicht ohne christliche Leidenschaft und Standhaftigkeit." Und er verweigerte den Widerruf.

Ob Luther seine Rede mit den bekannten Worten schloß: „Hier stehe ich, ich kann nicht anders, Gott helfe mir, Amen!", ist unsicher. Womöglich stammen sie vom kurfürstlichen Hofkaplan und Lutherfreund Spalatin, der sie ihm in seiner Aufzeichnung vom Verhör in den Mund legte. Auch sie gehören längst in die Lutherlegende. Leicht nachvollziehbar dagegen ist Luthers befreiender Ausruf, als er seine Herberge wieder betrat: „Ich bin hindurch, ich bin hindurch." Ganz ohne Frage war Worms eine nächste Zäsur in Luthers Leben, denn dem Reichstag folgten Acht und Aberacht (zweite, strenge und vollständige Acht), so daß der Wittenberger Reformator nunmehr vogelfrei war.

Nach den offiziellen Reichstagsgesprächen gab es weitere Verhandlungen mit der katholischen Seite in Worms, die alle ergebnislos endeten. Luthers ärgster Widersacher Johannes Cochläus beschrieb ihn später in diesen Gesprächen als Tollhäusler mit schlechtem Gedächtnis, weder Philosoph noch Theologe. Danach war Luthers Sicherheit nirgends mehr garantiert. Von Worms kehrte der Gebannte und alsbald auch Geächtete nicht zurück nach Wittenberg. Sein Kurfürst hatte vorgesorgt und bot ihm „Schutzhaft" auf der Wartburg – damit war Luther verschollen. Als am 21. Mai 1521 in Worms im Auftrag des Kaisers die Reichsacht über ihn verhängt wurde, die man auf den 8. Mai rückdatierte, befand sich Luther, als Junker Jörg getarnt, bereits in Sicherheit auf der Wartburg.

Während der letzten Tage in Worms war es zwischen Luther und Cochläus zu einer Begegnung gekommen, die die einzige bleiben sollte. Das ziemlich vernichtende Urteil von Cochläus über Luther war die Folge von Haß und maßlos gekränkter Eitelkeit, weil Luther es alsbald unterließ, auf die Briefe von Cochläus zu antworten. Als Lebenswerk hinterließ dieser die „Lutherkommentare", die über 400 Jahre das Lutherbild in der katholischen Kirche bestimmen sollten.

Cochläus – seiner Geburt nach hieß er Dobenecker – hatte auf Empfehlung des Nürnberger Humanisten Willibald Pirckheimer Theologie und Jurisprudenz studiert und 1517 in Ferrara den theologischen Doktorhut erworben. Er stand unter dem Einfluß Pirckheimers und seiner Freunde, die allesamt mit Luther sympathisierten. So auch Cochläus. Die Wandlung vom Lutheranhänger zu seinem entschiedenen Gegner fiel in das ereignisreiche Jahr 1521, als er als Berater des päpstlichen Nuntius Aleander und des Trierer Erzbischofs Richard von Greiffenklau versuchte, Luther zum Widerruf zu bewegen. Schon ein Jahr später gab er seine erste Schrift gegen Luther heraus, die dieser mit „Adversus armatum virum Cochläus" (Wider den gewaffneten Mann Cochläus) beantwortete. Weitere Angriffe beachtete Luther dann nicht mehr. Und genau das verzieh ihm der leicht verletzbare und eitle Cochläus nie. Er wurde zum eifrigsten Luthergegner und Kontroverstheologen.

Cochläus war ein immens fleißiger Mann. Er hinterließ allein zwölf Bände „Hussitengeschichte" und vor allem die bedeutsamen „Commentaria de actis et scriptis Martini Lutheri" (Kommentare der Taten und Schriften Martin Luthers), die eine jahrhundertelange unselige Wirkung haben sollten, so daß ich noch einen Augenblick bei diesen „Lutherkommentaren" verweilen möchte. Sie erschienen erstmals 1549, also drei Jahre nach Luthers Tod, und erreichten unter der katholischen Christenheit Europas eine immense Aufnahme. Die „Lutherkommentare" umfassen Luthers Taten und Schriften vom Jahr des Thesenanschlages bis zu seinem Tode. Cochläus unterstellte Luther eigentlich alles, was man einem Menschen unterstellen kann: Er sei Epileptiker gewesen, auch Syphilitiker, natürlich Alkoholiker, ein Lügner, ein Sittenstrolch, ein Fresser und ein Hurer, selbstredend ein Ungläubiger und ein Häretiker. Im Reformationszeitalter ging man ziemlich rüde miteinander um. Auch Luther war nicht zimperlich, besonders in seinen späteren Schriften nicht, die an Polemik und deftiger Sprache kaum zu überbieten waren.

Auf die verheerenden Folgen der „Lutherkommentare" wies der Paderborner Kirchenhistoriker Adolf Herte in den ersten Jahrzehnten unseres Jahrhunderts hin. Er untersuchte viele Werke katholischer Autoren, die samt und sonders das Lutherbild des Johannes Cochläus von einer Ausgabe zur anderen übernommen hatten. Die bannende Macht der „Lutherkommentare" wurde aber erst von dem Würzburger Kirchenhistoriker Sebastian Merkle gebrochen. Es war Merkles Schüler, Joseph Lortz, der in seinem zweibändigen Werk „Die Reformation in Deutschland", das er 1940 herausgab, endgültig mit Cochläus abrechnete und ihn samt seinen Kommentaren auf den Müllplatz der Geschichte warf. Für Lortz war Luther die Reformation selbst, für ihn „...gehört (er) zu der obersten Galerie der Männer von ungewöhnlich schöpferischer Geisteskraft", für ihn „...(ist) er Genie im hohen Sinn". Und er fährt fort: „Er ist nämlich auch als Denker vor allem ein Phänomen des Lebens. Man muß schon mit Luther intim ein Leben lang gemeinsam gewesen sein, in immer erneutem Eindringen

LEFFEL mein Nam/dem Bapst löffle ich/
Meim gwissen zutwider offentlich/
Dem Luther widersetzt mich hart/
Gut Pfrund erlangt ich/nach Bapsts art.
Starb im Jar. 1 5 5 2.

verbracht haben, um ihn überhaupt zu verstehen." „Luther ist", so Lortz, „ein geistiger Riese, ein Ozean. Es besteht ständig die Gefahr, in seinem immensen Werk zu ertrinken..." In der katholischen Lutherforschung brachte Lortz also nach 400 Jahren die Wende. Sein Schüler, Erwin Iserloh, steht wie Stephan Pfürtner und Otto Hermann Pesch in dieser Tradition, so daß heute bereits Ansätze einer ökumenischen Lutherforschung festzustellen sind.

Zehn Monate verbrachte Luther auf der Wartburg, hielt aber ständigen Kontakt zur Außenwelt und war bestens über die Ereignisse in Wittenberg informiert, die sich durchaus nicht so entwickelten, daß sie Luthers Beifall finden konnten. Sein Mitstreiter Karlstadt trieb die Reformen in eine radikale Richtung weiter, die Luther mißbilligte. Außerdem hatten sich Schwärmer aus Zwickau eingefunden, um für ihr soziales Reformprogramm zu werben und zu wirken. Die als „Zwickauer Propheten" bezeichneten Laienprediger, die ihre Impulse von Thomas Müntzer erhalten hatten, der Luther anfangs nahestand, traten für eine Umwandlung der weltlichen Ordnung, die „Vernichtung der Pfaffen" und die Errichtung des Gottesreichs auf Erden ein und fanden in Wittenberg einen fruchtbaren Boden für ihr fast kommunistisch zu nennendes Programm. Auch Karlstadt ging seinen radikalen Weg weiter, und zwar mit einer solchen Überzeugung, daß selbst Philipp Melanchthon in seiner Haltung bisweilen schwankte. Schulen und Universitäten waren für Karlstadt hinderlich auf dem Weg zur Seligkeit. Er propagierte das Laienpriestertum, ließ Bilder aus den Kirchen entfernen und fand zu Luthers Leidwesen kein geringes Echo. Der Schulbesuch wurde immer sporadischer, die Universität nahm schweren Schaden, und die Studenten verließen in Scharen Wittenberg. Luther hatte von all dem Kenntnis und war tief besorgt über die aus den Fugen geratene Entwicklung. Diese Sorge teilten sein Kurfürst und der Magistrat der Stadt. Dennoch mußte Luther sich disziplinieren und weiterhin mit der Wartburg vorliebnehmen.

Johannes Cochläus. Holzschnitt, 16. Jahrhundert

Er nutzte die Zeit des unfreiwilligen Aufenthaltes, um die hebräische und griechische Sprache zu erlernen, und verfaßte eine Reihe von Schriften, die direkt von der Wartburg den Weg in die Wittenberger Druckereien nahmen. Erwähnenswert ist Luthers deutsche Übersetzung der vom Papst herausgegebenen „Bulla coena domini" (Abendmahlsbulle), die unter dem Titel „Die Bulla vom Abendfressen des allerheiligsten Herrn, des Papstes, dem allerheiligsten römischen Stuhl zum neuen Jahre" herausgegeben wurde, und zwar wegen Luthers Anmerkungen. Sie zählt nach Wessel zu den gröbsten Schriften, die je aus Luthers Feder kamen. Der Papst ist für ihn nichts als ein Trunkenbold, der sich nach dem „Abendfressen" in miserablem Küchenlatein fluchend und wütend über die Welt ausläßt.

Dann aber begann Luther auf der Wartburg mit seiner großen Predigtsammlung in deutscher Sprache, die für alle Sonntage des Jahres gedacht war, während seiner Wartburgzeit jedoch nicht abgeschlossen werden konnte. Diese Predigtsammlung, die unter dem Namen „Deutsche Kirchenpostille" 1522 erschien und unzählige Neuauflagen erfuhr, wandte sich nicht nur an Prediger, sondern auch an den Laien. Sie war in vielen evangelischen Häusern noch bis in unsere Tage hinein zu finden. Für Brecht war Luthers Kirchenpostille das Präludium für sein größtes Werk, das Luther auf der Wartburg Ende 1521 begann und nach elf Wochen abschloß, die Verdeutschung des Neuen Testamentes.

Anfang Dezember war Luther heimlich nach Wittenberg aufgebrochen, weil ihn die Nachrichten von dort nicht mehr zur Ruhe kommen ließen. Er mußte sich von den Zuständen vor Ort ein Bild machen, um eine noch schlimmere Entwicklung abzuwenden. Am 10. Dezember verließ er Wittenberg und kommentierte später in einer Tischrede: „Philipp Melanchthon zwang mich während meines heimlichen Wittenberger Aufenthaltes zu der Übersetzung." Als Vorlage benutzte Luther den griechischen Text des Neuen

Martin Luther. Holzschnitt von Hans Baldung Grien 1521
nach dem bekannten Kupferstich von Lucas Cranach d.Ä., 1520

Testamentes, den Erasmus von Rotterdam 1519 in zweiter Auflage herausgegeben hatte.

Luther hat das Neue Testament nicht wörtlich übersetzt, er hat es regelrecht verdeutscht. Eine Vielzahl seiner Wendungen ist in den deutschen Sprachgebrauch eingeflossen. Wie viele Sprichwörter allein werden benutzt, von denen wir nicht einmal mehr wissen, daß sie aus Luthers deutscher Bibel stammen („Perlen vor die Säue werfen", „Weß das Herz voll ist, deß gehet der Mund über"). Damit legte Luther den Grundstein für eine einheitliche deutsche Schriftsprache.

Neu war eine Bibelübersetzung in die deutsche Landessprache nicht. Schon vor Luther hatten sich viele daran versucht. Der Gote Ulfilas hatte als erster die Bibel, ebenfalls aus dem Griechischen, in seine Muttersprache übersetzt, wobei Ulfilas aber nicht als der alleinige Übersetzer des gotischen Neuen Testaments anzusehen ist. Die Übersetzer des Mittelalters hatten alle die amtliche lateinische Bibelübersetzung, die Vulgata (die Allgemeingültige) des Hieronymus, als Grundlage benutzt, haben eine Breitenwirkung jedoch nicht erfahren. Auch Zeitgenossen Luthers hatten sich ans Werk gemacht, aber keine Übersetzung konnte an Kraft und Schönheit der Sprache der Martin Luthers an die Seite gestellt werden, die Weltgeltung erlangte. Da das Neue Testament am 21. September 1522 erstmals erschien, ist es als „Septembertestament" oder „Septemberbibel" in die Geschichte eingegangen.

Die Übertragung verrät unverkennbar Luthers Handschrift, seinen reichen Wortschatz und seine Begabung für Wortschöpfungen. Das Kraftvolle und Volksnahe seiner Sprache verstand jedermann, so daß die Lutherbibel bald zum deutschen Volksbuch wurde. In seinem 1530 herausgegebenen „Sendbrief vom Dolmetschen" sagte Luther über seine Arbeitsweise: „Man muß die Mutter im Hause, die Kinder auf der Gasse, den gemeinen Mann auf dem Markt drum fragen und denselben auf das Maul sehen, wie sie reden, und danach dolmetschen, so verstehen sie es dann: deß ich mich beflissen und leider nicht allwege erreicht noch troffen habe." Das reformatorische Anliegen Luthers war so eng mit der deutschen Sprache verknüpft, daß das „Lutherdeutsch" in seiner

Bibel die verschiedenen deutschen Dialekte vereinigte. Über diese unvergleichliche kulturelle Leistung Luthers sagte Klopstock: „Unter keinem Volke hat ein Mann so viel an seiner Sprache gebildet", während Goethe 1819 schrieb: „Die Deutschen sind ein Volk erst durch Luther geworden."

Unterdessen wurden die Zustände in Wittenberg immer mehr durch die Schwärmer und die Radikalen bestimmt, so daß die Bürger und der Magistrat Luthers Rückkehr dringend herbeisehnten. Selbst der Kurfürst hatte Angst, daß seine Universität ohne die ordnende Hand Luthers einen schweren Schaden nehmen würde. Natürlich hatte Angst er auch um die Sicherheit des Gebannten und Geächteten und mahnte zur Vorsicht. Luther jedoch hielt es nicht mehr auf der Wartburg. Er mußte zurück an die „Front", bevor der Schaden nicht mehr reparabel war.

Am 1. März 1522 brach Luther in ritterlicher Verkleidung auf und traf am 6. März in Wittenberg ein. Einen Tag zuvor hatte er aus Borna seinem Landesherrn einen oft zitierten und viel beachteten Brief geschrieben, der wegen seines Selbstbewußtseins kurz erwähnt werden muß. Er schrieb dem Kurfürsten, daß er ihm zwar zu Dank verpflichtet sei, seines Schutzes aber nicht bedürfe, da er unter höherem Schutz stehe und von daher eher seinen immer noch im Glauben schwankenden Kurfürsten – Friedrich der Weise war seinem alten Glauben treu geblieben und verfügte sogar über die weithin größte Reliquiensammlung – schützen könne als umgekehrt. Luther betonte: „Von meiner Sach aber, gnädigster Herr, antwort ich also: E. K. F. G. weiß, oder weiß sie es nicht, so laß sie es ihr hiemit kund sein, daß ich das Euangelium nicht von Menschen, sondern allein vom Himmel durch unsern Herrn Jesum Christum habe, daß ich mich wohl hätte mügen (wie ich denn hinfort tun will) einen Knecht und Euangelisten rühmen und schreiben." Sein Selbstbewußtsein ließ schon zu dieser frühen Zeit nichts mehr zu wünschen übrig.

Als Luther Anfang Dezember 1521 für einige Tage heimlich in Wittenberg weilte, war ihm die brodelnde Situation im Volk, die sich in eine gefährliche Nähe zum Aufruhr bewegte, nicht entgangen. Sofort griff er zur Feder und verfaßte seine Schrift „Eine treue Vermahnung zu allen Christen, sich zu hüten vor Aufruhr und

Empörung", die am 17. Januar 1522 in Druck ging. Er wandte sich unmißverständlich gegen jeden Aufruhr, da der von Gott verboten sei. Allein der Obrigkeit räumte er die ordnende Hand ein, „den was durch ordentliche gewalt geschicht, is nit fur auffruhr tzu halten". Stärker noch als die genannte Schrift haben die Invocavit-Predigten vom 9. bis 16. März 1522 gewirkt.

Natürlich hat Luther sich und seiner Reformation, die ja besonders im Volk auf fruchtbaren Boden gefallen war, mit dieser Haltung Schaden zugefügt. Luther lehnte jedoch aufgrund seiner theologischen Überzeugungen, wie bereits erwähnt, jede Gewalt durch das Schwert ab. Man kann das kritisieren – wie Luther von marxistischer Seite ja auch als „Fürstenknecht" bezeichnet worden ist –, aber verurteilen darf man ihn deswegen nicht. Luthers Theologie war nicht allein wegen seines „Turmerlebnisses" Römerbrief-Theologie. In Römer 13,1 heißt es: „Jedermann sey unterthan der Obrigkeit, die Gewalt über ihn hat. Denn es ist keine Obrigkeit, ohne von Gott; wo aber Obrigkeit ist, die ist von Gott verordnet." Unmittelbar nach seiner Rückkehr begann Luther die radikalen Strömungen in Wittenberg allmählich einzudämmen. Während seines Wartburgaufenthaltes waren Priester in den Ehestand getreten, die Messe war vernachlässigt, teils ganz abgeschafft worden. Die Seelsorge war verfallen. Die bald folgende Auseinandersetzung mit Karlstadt führte dazu, daß dieser 1523 Wittenberg verließ, da er den in seinen Augen zu gemäßigten Kurs Luthers nicht mitgehen konnte.

Luther arbeitete mit großer Umsicht am Aufbau eines neuen, nunmehr von den Landesherren getragenen Kirchenregiments, das zwangsläufig die Position der Territorialfürsten stärken mußte. Bedeutsam wurden die Visitationen zur Überprüfung der kirchlichen Verhältnisse, der Tüchtigkeit der Geistlichen und die Bestandsaufnahme des nutzbaren Kirchenvermögens. Luther ging noch einen Schritt weiter. Kraft seiner Autorität wurde in Wittenberg eine strenge Bücherzensur eingeführt. Damit entschied er, was noch erscheinen durfte, und Karlstadt hatte keine Chance mehr, gedruckt und verlegt zu werden. Weiterhin gelang es Luther, fast alle in seiner Abwesenheit durchgeführten Reformen für null und nichtig zu erklären.

Erasmus von Rotterdam. Gemälde von Hans Holbein d.J., 1523

Bilder und Altäre kamen, sofern sie nicht vernichtet wurden, zurück an ihren alten Platz. Das Zeremoniell des Gottesdienstes nahm wieder eher den Charakter einer römischen Messe an und führte zur Verwirrung der Gläubigen. Jedenfalls mußten Luthers rereformatorische Änderungen diesen Anschein erwecken. Aber Luther räumte, wenn auch behutsam, beharrlich auf in Wittenberg und brachte seine Theologie allmählich wieder in die richtigen Bahnen. Von einer Rückkehr zur katholischen Kirche konnte keine Rede sein.

Aus einem unduldsamen und autoritären Kämpfer war ein pragmatisch handelnder Mann geworden, nun im eigentlichen Sinne des Wortes ein Reformator. Er war sogar bereit, anderslautende Meinungen zu akzeptieren, und knüpfte von sich aus die Kontakte

45

zu den böhmischen Brüdern enger. Überall suchte er die evangelischen Keimzellen zu stärken, auch wenn die Positionen sich im Detail unterschieden. Eifrig arbeitete er an der Gestalt des Gottesdienstes, zu dessen Kernstück er die Predigt machte. Für nichtssagende Legenden und Fabeln war in seinem evangelischen Gottesdienst kein Platz mehr. Bereits ab 1522 wurde in der Wittenberger Stadtkirche das Abendmahl in beiderlei Gestalt gereicht. Im Gottesdienst waren das Evangelium und die Episteln auszulegen. Zur weiteren inhaltlichen Bereicherung der Liturgie fehlte es nach Luthers Vorstellung an deutschen Chorälen. So machte er sich selbst ans Werk und schuf im Laufe der Zeit allein 37 Kirchenlieder, darunter so bekannte wie „Aus tiefer Not schrei ich zu dir" (1524), „Nun freut euch, lieben Christen gmein" (1524), „Ein feste Burg ist unser Gott" (1529) und „Erhalt uns, Herr, bei deinem Wort" (1543), wobei er nicht allein den Text, sondern gelegentlich auch die Melodien dazu schrieb.

Luther griff allmählich auch in nichttheologische, ja eigentlich in alle Bereiche des öffentlichen Lebens ein und trug wesentlich zur Entwicklung des höheren Bildungswesens in den evangelischen Landen bei. Auf diesem Gebiet hatte Philipp Melanchthon bedeutende Vorarbeit geleistet, aus dessen Feder schon wertvolle Bücher gekommen waren. Luthers nationaler wie internationaler Einfluß auf das Geistesleben seiner Zeit hatte ihm den Ehrennamen eines Praeceptor Germaniae (Lehrer Deutschlands) eingetragen. Aber nicht allein das Schulwesen erhielt grundlegend neue Impulse durch Luther, er ordnete ebenso das Wittenberger Medizinalwesen neu.

Über den Wittenberger Raum hinaus nahm Luthers Einfluß im Reich ständig zu, und viele Fürsten suchten seinen Rat. Am augenscheinlichsten wurde seine gewachsene politische Bedeutung bei der Umwandlung des Ordensstaates im fernen Preußen. Als letzter Hochmeister des Deutschen Ritterordens residierte dort Albrecht

Martin Luther.
Gemälde von Lucas Cranach d.Ä., 1526 (Hochzeitsbild)

von Hohenzollern-Ansbach, der Luther im November 1523 aufsuchte. Dieser weit im Nordosten außerhalb der deutschen Reichsgrenzen gelegene Ordensstaat wurde auf Luthers Vorschlag im Jahre 1525 in ein weltliches Herzogtum umgewandelt. Der letzte Hochmeister wurde damit zum ersten Herzog in Preußen. Mit tatkräftiger Unterstützung Albrechts konnte Luther durch die Entsendung evangelischer Geistlicher seine Reformation auch in dem jungen Herzogtum Preußen einführen. Luther hatte dem Hochmeister empfohlen, die Ordensregeln aufzugeben, und an die Deutschen Ritter geschrieben: „An die Herren des deutschen Ordens, daß sie falsche Keuschheit meiden und zur rechten, ehelichen Keuschheit greifen."

Mit dem Tode Franz von Sickingens am 7. Mai 1523 verlor Luther einen treuen Anhänger der Reichsritterschaft, von der er sich allmählich ganz abgrenzte. Drei Monate nach Sickingen starb auch der landesflüchtige Ulrich von Hutten, der Schutz und Obhut bei dem Schweizer Reformator Huldrich Zwingli gefunden hatte. Allmählich rückten viele Humanisten von Luther ab, die anfänglich begeistert seine neue Lehre aufgenommen hatten. Den radikalen Bruch mit Rom konnten sie nicht nachvollziehen, und so trennten sich auch die Wege zwischen Luther und Erasmus von Rotterdam, der mit seiner 1524 herausgegebenen Schrift „De libero arbitrio diatribe" (Vom freien Willen) Luther empfindlich angegriffen hatte. Luther rechnete 1525 in seiner Entgegnung „De servo arbitrio" (Vom geknechteten Willen) mit dem Führer der Humanisten unbarmherzig ab. Damit war der Bruch zwischen den beiden Männern besiegelt.

Das Jahr 1525 nahm politisch eine dramatische Entwicklung und führte zur erneuten Herausforderung Luthers. Die Bauern, die für eine soziale Verbesserung ihrer Lage zu den Waffen gegriffen hatten, beriefen sich in ihren Forderungen, die sie in den zwölf Artikeln der Schwäbischen Bauernschaft artikulierten, auch auf Luther, der durch sein unerschrockenes Auftreten gegen kirchliche und weltliche Macht längst zu ihrem Leitbild geworden war. Luther stand dieser Entwicklung, wie kaum anders zu erwarten, mißtrauisch bis ablehnend gegenüber und bezog mit zunehmender Schärfe Stellung gegen sie. Zunächst erschien im April seine

„Ermahnung zum Frieden auf die zwölf Artikel der Bauernschaft in Schwaben", die ohne Echo blieb. Kurz darauf wandte er sich ungewöhnlich schroff von ihnen ab, verfaßte seine bekannte Schrift „Wider die räuberischen und mörderischen Rotten der Bauern" und ließ sie fallen. Für ihn war Thomas Müntzer einer dieser „Mordpropheten" und „Schwarmgeister". Die Art seines Eingreifens in den Bauernkrieg löste selbst bei Freunden und Anhängern Unverständnis und Befremden aus. In der Beurteilung seines Verhaltens muß man sich jedoch um Unvoreingenommen-heit bemühen, denn Luther blieb auch hier seiner Grundhaltung treu. Am 15. Mai 1525 wurde das 8000 Mann starke Bauernheer um Thomas Müntzer in der Schlacht bei Frankenhausen vernich-tend geschlagen.

Am 13. Juni 1525 heiratete der nun 41jährige Luther die ent-flohene Nonne Katharina von Bora und begründete damit das evangelische Pfarrhaus. Sein Schritt erregte mehr als Aufsehen. Er wurde besonders wegen des Zeitpunktes so kurz nach dem grau-samen Ende des Bauernkriegs als befremdend und unpassend empfunden. Viele seiner Mitstreiter und Freunde hatten sich zwar von ihrem ehemaligen Keuschheitsgelübde längst losgesagt und waren in den Ehestand getreten. Aber Luthers Heirat war von erheblich größerer Bedeutung. Sie kam einem Fanal gleich.

Ohne Frage war dieser Schritt eine weitere Zäsur in Luthers Bio-graphie, wenn sie auch wegen ihrer überwiegend privaten Natur nicht mit den bisherigen vergleichbar ist. Aber Luthers Leben erfuhr einen grundlegenden Wandel durch die Gründung eines eigenen Hausstandes. Hatte er nach der Auflösung des Konvents gemeinsam mit dem Prior Brisger und seinem Diener Wolfgang Sieberger im leeren Gebäude des ehemaligen Schwarzen Klosters der Augustiner-Eremiten gelebt, das ihm sein Kurfürst Johann der Beständige 1525 schenkte – Friedrich der Weise war am 5. Mai desselben Jahres gestorben –, so sprengte der Luthersche Haushalt bald die üblichen Formen und wurde geradezu eine Herberge für Verwandte, Freunde und Bekannte. An seinem Tisch nahmen dreißig bis vierzig Personen Platz, und neben den eigenen sechs Kindern wurden täglich Waisenkinder und Gäste, auch studen-tische Kostgänger sowie zahlreiche auswärtige Besucher versorgt.

Sein „Lieber Herr Käthe", wie er seine Frau Katharina in vielen Briefen respekt- und liebevoll anredete, hatte ihre liebe Not mit der Versorgung der vielen Gäste, denn Luther war von einer grenzenlosen Freigiebigkeit, kümmerte sich selbst aber um wirtschaftliche Fragen nicht im mindesten.

Während der abendlichen „Tafelrunden" wurden in Luthers Haus von 1529 bis 1546 die später so bedeutungsvoll gewordenen Tischreden aufgeschrieben. Luther selbst war die Veröffentlichung seiner Äußerungen nicht recht, denn wenn der Abend spät wurde, ließ er sich verständlicherweise zu Äußerungen hinreißen, die für die Nachwelt nicht unbedingt festgehalten werden mußten. Die Tischreden wurden 1566 von Johannes Aurifaber unter dem Titel „Tischenreden oder Colloquia Doct. Mart: Luthers / So er in vielen Jaren / gegen gelarten Leuten / auch frembden Gesten / und seinen Tischgesellen gefueret" erstmals herausgegeben, wobei Aurifaber nur in Luthers letztem Lebensjahr sein Tischgast gewesen war. Es sind demnach überwiegend Nachschriften von Mitschriften, die hauptsächlich auf Conrad Cordatus, Veit Dietrich, Johann Schlaginhaufen, Johann Mathesius und Anton Lauterbach zurückgehen. Die Tischreden geben uns einen Einblick in Luthers Alltag und Lebensgewohnheiten, aber auch in seine Gedankenwelt. Allerdings müssen sie kritisch gelesen werden und im Hinblick auf Echtheit und Wahrheitsgehalt bestimmten Kriterien standhalten können.

Luthers Einfluß auf den Nachfolger Friedrichs des Weisen, auf Kurfürst Johann den Beständigen, nahm ständig zu und damit seine Bedeutung in der kursächsischen Landespolitik. Durch die Ausbreitung der Reformation auf andere deutsche Territorien und auf freie Reichsstädte erhielt sie zunehmend ein politisches Gewicht, und der Reformator selbst wurde zwangsläufig in die Rolle eines Politikers gedrängt.

Katharina Luther, geb. von Bora.
Gemälde von Lucas Cranach d.Ä., 1526 (Hochzeitsbild)

1527 bahnte sich eine folgenschwere Auseinandersetzung mit dem Schweizer Reformator Zwingli an, der schon seit 1525 Angriffe von beiden Seiten vorausgegangen waren, die Zwingli eröffnet hatte. Luther war voll auf Distanz zu dem Schweizer gegangen und hatte bereits 1527 an Melanchthon geschrieben: „Zwingli ist heiligen Hasses wert." Im Brennpunkt der Auseinandersetzung stand die unterschiedliche Auffassung vom Abendmahl, wobei Luthers Antwort lautete: „Es ist der wahre Leib und Blut unsers Herrn Jesu Christi, unter dem Brot und Wein uns Christen zu essen und zu trinken von Christo selbst eingesetzt." Nach Zwinglis Auffassung fand sich in den Evangelien nicht einmal ein Hinweis auf eine derart übersinnliche Deutung der letzten Mahlzeit Jesu Christi mit seinen Jüngern, so daß die Reformierten von daher die lutherische Lehre nicht als „evangelisch" anerkennen wollten oder konnten. Vereinfacht gesagt, war Luthers Überzeugung an den Wortlaut „das ist" gebunden, während Zwingli darauf beharrte, daß das Abendmahl den Leib und das Blut Christi bedeute, und dementsprechend formulierte: „Es bedeutet."

Angesichts der zunehmenden Gefahr von katholischer Seite und im Vertrauen auf die Bildung eines Bündnisses der reformatorischen Bewegungen gegen die Habsburger hatte Landgraf Philipp von Hessen 1529 den Versuch unternommen, einen Konsens zwischen den Schweizern und den Wittenbergern zu erreichen. Luther war schwer zu bewegen, nach Marburg zu reisen, und mußte regelrecht von seinem Kurfürsten dazu gedrängt werden. Das Marburger Religionsgespräch, an dem neben Luther und Melanchthon Zwingli, Oekolampad, Osiander und auch der Straßburger Reformator Martin Bucer teilnahmen, brachte zwar eine vorübergehende Annäherung, scheiterte aber an der unterschiedlichen Auffassung von der Abendmahlslehre. Dieser Dissens war folgenschwer, denn damit wurde die Geschlossenheit der reformatorischen Bewegung endgültig vertan.

Schon ein Jahr später wollte Karl V. die Spaltung der Kirche endgültig rückgängig machen und rief einen Reichstag nach Augsburg ein. Wegen kriegerischer Auseinandersetzungen mit dem Franzosenkönig Franz I. war er gehindert worden, das Wormser Edikt konsequent durchzusetzen. Für Luther bedeutete das eine erneute schwere Bewährung, da er als Gebannter und Geächteter an dem Reichstag nicht teilnehmen konnte. Aus Sicherheitsgründen hielt er sich auf Weisung seines Kurfürsten während des Reichstages auf der Veste Coburg auf, um möglichst engen Kontakt zu dem Reichstagsgeschehen zu haben und zu halten. An seiner Statt vertrat Philipp Melanchthon in Augsburg vor dem Kaiser, sämtlichen Reichsständen und den päpstlichen Gesandten das neue Bekenntnis, das er am 25. Juni 1530 in deutscher Sprache vortrug. Dieses Bekenntnis, das von Melanchthon auch verfaßt worden war, ist als Confessio Augustana (Augsburger Bekenntnis) in die Geschichte eingegangen, wurde jedoch erst 1555 reichsrechtlich anerkannt. Natürlich hatte Melanchthon seinem „internierten" Freund den Entwurf des Bekenntnisses vorgelegt, den Luther allerdings wegen vieler Zugeständnisse als viel zu friedfertig empfand. Luther meinte sogar, daß er nicht in der Lage gewesen wäre, so maßvoll zu formulieren, weil er so sanft und leise nicht treten könne. Der Reichstag zu Augsburg wurde kein Erfolg für die „Protestanten", wie die Anhänger Luthers seit dem Reichstag zu Speyer von 1529 genannt wurden, den sie unter Protest verlassen hatten. Karl V. erneuerte sogar sein Wormser Edikt, so daß die evangelische Seite sich am 27. Februar 1531 zum Zweck der Verteidigung zu dem Schmalkaldischen Bündnis zusammenschloß.

Auch auf der Veste Coburg war Luther trotz psychischer Anspannung und häufiger Krankheiten enorm produktiv. Hier entstanden unter anderen „Das schöne Confitemini", eine Auslegung des 118. Psalms, der schon erwähnte „Sendbrief vom Dolmetschen" und die Übersetzung der Äsopschen Fabeln.

1532 kam es zu einer Art Waffenstillstand zwischen beiden Seiten, dem Nürnberger Anstand – unbedingt ein Teilerfolg für die evangelische Seite, der Luther aufs neue in seinem Weg, ohne Gewalt sein Ziel zu erreichen, bestätigte. Sicher waren die Gründe für den Burgfrieden, den die katholische Seite angeboten hatte, pragmatischer Natur. Es nimmt sich merkwürdig aus zu hören, daß sogar der Papst bereit war, Teile der Confessio Augustana anzuerkennen. Ohne Frage hing das mit der drohenden „Türkengefahr" zusammen, die alles überschattete und für deren Abwendung die protestantischen Stände dringend benötigt wurden. Damit war der evangelische Glaube jedoch de facto anerkannt.

1534 wurde die ganze Heilige Schrift in Luthers Übersetzung in Druck gegeben. Auch sie war binnen kurzem vergriffen und erforderte ständig Neuauflagen. Vom Erstdruck seines Neuen Testaments im Jahre 1522 bis zu Luthers Tod erschienen allein in Wittenberg zehn Bibelausgaben, ganz zu schweigen von vielen weiteren Ausgaben und den Übersetzungen in andere Sprachen.

Als Zwingli am 11. Oktober 1531 bei Kappel im Kampf gegen die katholischen Kantone sein Leben verlor, war auch der schweizerisch gesinnte deutsche Süden bereit, sich dem lutherischen Norden anzuschließen. Durch die ständige Vermittlung Martin Bucers stimmte Luther im Mai 1536 der Wittenberger Konkordie zu. Die „Wittenberger Konkordienformel" war ein Kompromiß, der die unterschiedlichen Auffassungen vom Abendmahl nicht auszuräumen vermochte. Aber alles in allem rückten die Süddeutschen doch den Wittenbergern merklich näher. Im norddeutschen Raum breitete sich Luthers neue Lehre unaufhaltsam aus, und ganz allmählich wurde die Mainlinie zu einer Art Grenze zwischen Protestantismus und Katholizismus im Reich. Philipp von Hessen hatte den vertriebenen Herzog Ulrich von Württemberg und mit ihm die Reformation in seinem Lande wieder eingesetzt. Im Jahre 1539 führte Kurfürst Joachim II. die Reformation in der Mark Brandenburg ein.

Alsbald griff diese Entwicklung auch auf andere Länder über. England und Frankreich knüpften diplomatische Verbindungen mit dem Schmalkaldischen Bund, dem Dänemark, Schweden, Livland, Kurland und Estland beitraten. In der Schweiz hatte der Reformator Johannes Calvin Genf in einen evangelischen Kirchenstaat umgewandelt, dessen Lehre bald auf Südfrankreich, auf die Niederlande und auch auf Schottland übergriff. Selbst König Heinrich VIII. erklärte sich 1533 zum Oberhaupt der englischen

Kirche, hob die Klöster auf und untersagte jegliche Verbindung mit dem Papst.

Für die Bündnisgespräche im Winter 1537 in Schmalkalden verfaßte Luther im Dezember 1536 angesichts des beabsichtigten Konzils, das Papst Paul III. für Pfingsten 1537 nach Mantua einberufen wollte, die „Schmalkaldischen Artikel", die als Luthers persönliches Vermächtnis anzusehen sind und seinen Bekenntnisschriften zugerechnet werden. Luther selbst mußte Schmalkalden noch vor Beginn der eigentlichen Tagung wegen heftiger Nierenkoliken verlassen. Weitere Religionsgespräche, an denen sich Luther überwiegend nicht mehr beteiligte, endeten ergebnislos, vor allem wurden die von beiden Seiten erreichten Annäherungen von Luther durchweg abgelehnt.

Die Politik des Kaisers war zunehmend darauf gerichtet, die Protestanten durch Waffengewalt in die katholische Kirche heimzuführen, da alle Gespräche und Reichstagsverhandlungen ergebnislos verlaufen waren. Dazu bot Luther selbst Karl V. im Jahre 1540 leider einen fundamentalen Anlaß in Gestalt der von ihm abgesegneten Bigamie des Landgrafen Philipp von Hessen. Im März 1540 billigten er und Melanchthon in einem Beichtrat die Doppelehe des für die protestantische Kirche wichtigsten Landesherren. Einen schwereren Schaden konnte Luther seiner eigenen Kirche nicht zufügen, zumal auf Bigamie die Todesstrafe stand. Der Kaiser verzichtete zwar auf einen Prozeß, aber es gelang ihm, nachdem im Reich die Sache ruchbar wurde, Philipp politisch zu isolieren und damit den Schmalkaldischen Bund erheblich zu schwächen. Philipps Doppelehe war fraglos die Geburtsstunde für den Niedergang des Protestantismus. Luther selbst hat die Katastrophe des Schmalkaldischen Krieges von 1546/1547 nicht mehr erlebt, nicht einmal seine Vorbereitung.

Unter dem Eindruck verschiedener Religionsgespräche und fortgesetzter katholischer Angriffe ging der alternde Luther mit seinen Gegnern noch schärfer ins Gericht. In Braunschweig-Wolfenbüttel wütete Herzog Heinrich derart gegen die Reformation, daß er von Philipp von Hessen und dem Kurfürsten Johann Friedrich von Sachsen vertrieben wurde. Daraufhin griff der Braunschweiger zur Feder gegen die evangelischen Fürsten. Luther erwiderte 1541 dessen Angriffe mit seiner groben Streitschrift „Wider Hans Worst". Luthers Polemik wurde immer unerträglicher, bis er regelrecht das Maß verlor und seine Äußerungen am Ende seines Lebens nur noch ein „ausfällige(s) und unflätige(s) Umspringen mit den Gegnern" waren.

Luther war restlos verbraucht. Enttäuscht über seine Mitmenschen und seine Zeit, sah er die Zukunft für den christlichen Glauben düster, Deutschland selbst war für ihn zum „Schlachten reif". Überall sah er Feinde, aus Argwohn und Mißtrauen wurden Angriffe, nun auch gegen die Juden, denen er in seiner Schrift „Von den Juden und ihren Lügen" 1543 kriminelles Verhalten unterstellte. Er forderte auf, ihre Synagogen zu verbrennen, die rabbinischen Bücher zu konfiszieren und diese Ungläubigen (perfidi) als Verbrecher auszutreiben. Für Luther waren sie am Ende alle – Juden, Papst und Türken – Sturmtruppen der Teufelsarmee. Man muß sich aber davor hüten, Luther in die Nähe eines nationalistischen Antisemitismus zu bringen, wie es im „Dritten Reich" geschah, denn seine Angriffe waren religiös motiviert. Wer hier urteilen will, muß auch seine früher getroffenen Aussagen kennen, in denen er den Juden aufgeschlossen gegenüberstand. Mit seiner 1523 herausgegebenen Schrift „Daß Jesus Christus ein geborener Jude sei" hatte er die Juden geradezu an sich gezogen. Daß ihre Bekehrung ausblieb, war Luther unverständlich und der Hauptgrund für seine späteren Äußerungen.

Man darf die grobe Sprache gegen die Juden in seinen letzten Jahren nicht isoliert von seinen anderen Schriften betrachten. Luther wurde immer starrsinniger, auch unleidlicher, im Umgang auffallend schwieriger, im Ton immer verletzender. In seiner letzten Predigt am 15. Februar 1546 äußerte er: „Die Juden sind unsere öffentlichen Feinde", fügte aber versöhnlich hinzu: „Dennoch wollen wir die Christliche Liebe an jnen üben und vor sie bitten, das sie sich bekehren."

In einer zornigen Aufwallung im Sommer 1545 wollte Luther von einer Reise nach Zeitz nicht mehr nach Wittenberg zurückkehren. Abordnungen des Kurfürsten, des Magistrats und der Universität vermochten endlich, den Starrsinnigen zur Heimkehr zu bewegen. Eine stichhaltige Begründung für Luthers Vorhaben, wenn es denn ernst gemeint war, gab es nicht. Ich werde im nächsten Kapitel darauf zurückkommen.

1545 entlud sich ein letztes Mal der alte Kampfgeist, und Luther verfaßte die bekannte Schmähschrift „Wider das Bapstum zu Rom vom Teuffel gestifft", für deren unflätige Bilder er selbst die Motive vorgab. Wie abgrundtief sein Haß gegen den Papst war, dem er gleich zu Beginn der Schrift den Titel „Der allerhöllischst Vater" gab, zeigten seine Wünsche an die Teilnehmer des angekündigten Konzils in Trient: „Man soll den Papst, die Kardinäle und alles Gesindel seiner Abgötterei und päpstlichen Heiligkeit nehmen und ihnen, als Gotteslästerern, die Zungen hinten am Hals herausreißen und der Reihe nach an den Galgen annageln…Danach ließe man sie ein Concilium oder wie sie wollen, halten am Galgen, oder in der Höllen unter den Teufeln." Läpple nannte die Schmähschrift „…menschlich nur schwer verständlich und religiös außerordentlich erschütternd".

Im Oktober 1545 begab sich der altersschwache und lebensmüde Luther in Begleitung von Melanchthon nach Mansfeld, „…um seine lieben Landesherren miteinander zu vertragen", das heißt, im Streit der Mansfelder Grafen zu vermitteln. Da Melanchthon erkrankte, kehrten beide zurück nach Wittenberg. Am 23. Januar 1546 brach Luther in Begleitung seiner drei Söhne abermals zu den Verhandlungen auf, um am 28. Januar in Eisleben einzutreffen, wo ihn die Mansfelder Grafen erwarteten. Am 16. und 17. Februar war ein Vergleich zwischen den Parteien durch Luthers Vermittlung zustande gekommen, den er durch seine Unterschrift noch besiegeln konnte.

Am 18. Februar 1546 zwischen 2 und 3 Uhr morgens ereilte Martin Luther in seiner Geburtsstadt Eisleben der Tod.

Die Überführung Luthers nach Wittenberg erfolgte am 20. Februar. Sie war ein Trauerzug durch Dörfer und Städte, in denen das Volk unter Glockenläuten zusammenlief. In Wittenberg wurde der Sarg von der ganzen Stadt in Empfang genommen und in die

Johannes Bugenhagen. Gemälde von Lucas Cranach d.Ä., 1537

EFFIGIES IOH BVGENHAGII POMERANI·
LVCA CRONACHIO PICTORE·
·M·D·XXXXII·

Schloßkirche geleitet, wo sein Leichnam beigesetzt worden ist. Bugenhagen und Melanchthon hielten die Trauerreden. „Ach, dahin ist der Lenker und Wagen Israels!" klagte Melanchthon, an den Propheten Elia erinnernd.

Was aber wurde aus Luthers Familie? Sein ältester Sohn, Hans, studierte Rechtswissenschaften. Zunächst finden wir ihn als fürstlichen Kanzleirat in Weimar, später diente er am ostpreußischen und kurbrandenburgischen Hof. Luthers Sohn Martin studierte Theologie, starb aber schon, bevor er ein Pfarramt antreten konnte. Sein jüngster Sohn, Paulus Luther, wurde am 28. Januar 1533 in Wittenberg als das fünfte von sechs Kindern geboren. Er soll der begabteste von Luthers Söhnen gewesen sein und wurde später ein bekannter und gesuchter Arzt. Wie es heißt, war er der Lieblingssohn seines Vaters, der als Dreizehnjähriger den Tod Martin Luthers in Eisleben erlebte. Über Paulus Luther wissen wir aus der Acta Lutherorum, einer Sammlung von Originaldokumenten der Familie des Reformators, relativ gut Bescheid. Genealogisch wichtig ist, daß alle direkten Nachkommen Luthers auf seinen Sohn Paulus und dessen Schwester Margaretha zurückgehen. Die Ehen der beiden erstgenannten Söhne blieben kinderlos. Margaretha war Luthers einzige Tochter, die ihren Vater überlebte. Sie führte eine glückliche Ehe mit einem ostpreußischen Landrat, starb allerdings schon in ihrem 36. Lebensjahr.

Nach einer Arbeit aus dem Jahre 1967 waren 1934 824 gesicherte Nachkommen des Paulus Luther bekannt, von seiner Schwester Margaretha dagegen nur ein Bruchteil dessen. Gegenwärtig gibt es etwa 1900 Lutheriden, Nachkommen Luthers, die teilweise andere Familiennamen tragen. Die Linie der männlichen Nachkommen von Paulus Luther erlosch schon in der vierten Generation mit Martin Gottlob Luther, der 1759 unverheiratet in Dresden starb. Die heute noch lebenden Nachkommen des Reformators bilden die Lutheriden-Vereinigung, die eine eigene Zeitschrift herausgibt und auch „Familien"-Treffen ausrichtet.

Paulus Luther, der von Philipp Melanchthon in griechischer und lateinischer Sprache ausgebildet wurde, begann sein Studium in Wittenberg. Als dort 1552 abermals die Pest ausbrach, wurde die

Universität nach Torgau verlegt, wohin auch Paulus Luther über-
siedelte. Mit ihm reisten seine Mutter, Katharina, und seine
übrigen Geschwister. Während dieser Reise gingen die Pferde
durch, Katharina sprang vom Wagen und verletzte sich so schwer
dabei, daß sie am 20. Dezember 1552 an den Folgen dieses Sturzes
starb. Sechs Jahre nach dem Tode Martin Luthers folgte sie ihrem
Mann in die Ewigkeit, erst 53 Jahre alt. Ihr Grab befindet sich in
der Schloßkirche zu Torgau.

Die Krankheiten
des Reformators

Die Erfurter Jahre bis zum Reichstag in Worms

Luthers Krankheiten sind in der Vergangenheit mehrfach dargestellt worden. Einige Diagnosen bedürfen unter Zugrundelegung
des aktuellen medizinischen Wissensstandes jedoch der Korrektur,
da sie einer Prüfung unter heutigen nosologischen Gesichtspunkten
nicht mehr standhalten können. Deswegen sind die älteren Pathographien, namentlich die von Küchenmeister, aber nicht minder
wertvoll. Sie sind und bleiben ein wissenschaftliches Zeugnis, ein
Spiegelbild ihrer Zeit, in der einige Krankheiten, an denen Luther
zweifellos gelitten hat, noch unbekannt gewesen sind.
Der Wissenszuwachs auf dem Gebiet der Medizin gestattet heute
nicht nur ein erneutes Überdenken der vielen Krankheiten des
Reformators, sondern macht solche Betrachtungsweise nach einer
längeren Pause geradezu wünschenswert, da sie zur Rektifizierung
des bekannten medizinischen Lutherbildes beitragen kann.
   Das unter Laien allgemein verbreitete Bild von einem kernge-
sunden, urwüchsigen und kraftstrotzenden Mann, der geradezu
ein Fels ist und den buchstäblich nichts erschüttert, ist ein Klischee
und hält der Wirklichkeit nicht stand. Das haben auch vor uns

Luther als „Hercules Germanicus".
Holzschnitt von Hans Holbein d.J., um 1520

einige Lutherbiographen gewußt, nicht nur allein die Ärzte, die Luthers Krankheiten wissenschaftlich bearbeiteten.

Die Bedeutung von Luthers Krankheiten für sein Verhalten und sein Werk ist häufig mit dem Hinweis auf seine teilweise das menschliche Leistungsvermögen übersteigende Produktivität und auf sein enormes tägliches Arbeitspensum unterschätzt worden.

Nach solchen Darstellungen liegt die Vermutung nahe, daß Krankheiten in Luthers Leben kaum eine Rolle gespielt haben können. Zu Beginn seines Wirkens wurde er von Zeitgenossen auch so gesehen. Hans Holbein der Jüngere stellte ihn um 1520 als „Hercules Germanicus" dar, der, kräftig dreinschlagend, mit seiner Keule die Autoritäten der römischen Kirche, den Kölner Inquisitor Jakob von Hoogstraten und die Vertreter der scholastischen Theologie, einschließlich Thomas von Aquin, bezwingt. Natürlich hatte das auch Symbolcharakter für den Aufbruch in eine neue Zeit.

Wenn man sich dagegen zeitgenössischen Berichten zuwendet und Luther selbst in seinen vielen Briefen und Tischreden hört, entsteht ein völlig anderes Bild, denn Luther hatte nachweislich über weite Strecken seines Lebens mit vielen und vor allem auch mit schweren Krankheiten zu kämpfen, die ihn teilweise an den Rand des Todes brachten, und war bestensfalls bis 1521 gesund, und das mit vielen Abstrichen.

Nach den vorhandenen und übereinstimmenden, wenn auch unsicheren Quellen scheinen Krankheitsdispositionen oder Erbkrankheiten in Luthers Familie nicht vorgelegen zu haben. Eine Reihe von Autoren führt Luthers Krankheiten auf eine falsche Erziehung im Elternhaus sowie auf die angebliche Unbeherrschtheit seines Vaters, also auf psychische Faktoren, zurück. Nur der Vollständigkeit halber sollen diese Dinge hier erwähnt werden, die medizinisch fragwürdig sind und auch in der Lutherforschung mit großer Skepsis aufgenommen wurden. Luther selbst hat zwar berichtet, daß seine Erziehung im Elternhaus hart gewesen sei: „Meine Eltern haben mich gar hart gehalten, daß ich auch darüber gar schüchtern wurde...und ihr ernst und gestreng Leben, das sie mit mir führten, verursachte mich, daß ich darnach in ein Kloster lief und ein Mönch wurde." Diese Äußerung bezieht sich aber

lediglich auf seinen Klostereintritt. Weitergehende Schlußfolgerungen auf die Entstehungsursachen seiner Krankheiten sind
mehr als vage. Dennoch glaubte Hausrath in Luthers angeblich
falscher Erziehung die Ursache für seine späteren Erkrankungen
erkennen zu können, wenn er schrieb: „Die frühzeitige Knickung
seines Gemütslebens und Schädigung seines Nervensystems durch
die rohe Mißhandlung der Pädagogen ist die letzte Ursache all
seiner Leiden." Reiter, ein dänischer Psychiater, legte sogar ein
zweibändiges Werk über Luthers Charakter und Psychose vor
und sprach ebenfalls von einem „Kern pathogener Kindheitserlebnisse", woraus er schlußfolgerte: „Um diesen sphärischen
Komplexkern bauten sich dann weitere neurotische Mechanismen
auf, alle in polymorpher Determination zur Vaterangst." Das
Luther von Reiter unterstellte neurotische Verhältnis zum Vater
habe seine „... ganze ethische Einstellung, auch seine Religiosität"
geprägt und sei gleichermaßen der Grund für seinen „patholo-
gischen Antipapismus" gewesen.

Erikson, der Reiters psychopathologischem Exkurs folgte,
erweiterte Luthers gestörtes Verhältnis zum Elternhaus auf seine
Mutter und sah in dieser angeblich neurotischen Beziehung die
Ursache für eine Bisexualität bei Luther, die er erkannt haben will.
Nach Erikson wurde Luthers gesamte spätere Entwicklung durch
die Haßliebe zu seinen Eltern bestimmt. Solche überzogenen
psychoanalytischen Folgerungen sind mit Recht auf Ablehnung
gestoßen.

Für Albert Mock war Martin Luther „... ein geradezu klassischer
Fall manisch-depressiven Krankseins ... (und hatte, d. Verf.) eine
Psychose, was immer auch dagegen eingewandt werden mag".
Mock unterstellt Luther aufgrund späterer Äußerungen und Verhaltensweisen, letzten Endes aufgrund seiner ganzen Theologie,
die für ihn ein kranker Glaube ist, eine endogene Psychose, aus der
er alle Krankheiten herleitet. Seine Begründung ist abwegig und
nicht frei von Vorurteilen, selbst wenn man bereit ist, sich an
psychopathologischen Gedankenspielen zu beteiligen und tradierte
Eigenschaften zuzugestehen, denn wiederum traf es Luthers Vater,
der bereits „... ein Totschläger war". (Hier lastet Mock Luther den
„Dolchstoß" an Hieronimus Buntz an.) Weiterhin begründete er

Luthers „Psychose" auch mit dem Jähzorn seines Vaters, der im Streit einen Bauern, „... der ihm im Grase hütete, mit seinem eigenen Pferdezaum" erschlug und dessen psychisch häufig abnorme Verhaltensweisen bedenkenlos von Mock auf den Sohn übertragen wurden.

Daß für Luthers Verhaltensweisen theologische und gesellschaftliche Gründe bestimmend sein konnten, ja daß sie es in ganz erheblichem Maße sogar sein mußten, wird nicht im mindesten konzediert – selbst sie werden für krank gehalten.

Ich möchte auf alle diese Behauptungen nicht weiter eingehen, da sie durchweg von Spekulationen leben und weder in der Lutherforschung noch in der Medizin Anerkennung finden konnten. Die Informationen aus Luthers Kindheit sind doch viel zu spärlich, als daß man so weitreichende Schlußfolgerungen daraus ableiten könnte. Außerdem spricht gegen die genannten Hypothesen, daß Luther trotz gelegentlicher Kritik stets ehrfürchtig und auch anerkennend über seine Eltern sprach und später äußerte: „Sie meinten's herzlich gut." Der Vater war für ihn bis zu seinem Klostereintritt die Autorität in seinem Leben. Auch litt er schwer unter dem zeitweiligen Zerwürfnis mit ihm, das diesem Schritt folgte. Und als der Vater während Luthers Aufenthalt auf der Veste Coburg starb, beklagte der Sohn schmerzlich seinen Verlust und schrieb am 7. Juni 1530 an Melanchthon: „... Trost habe ich empfangen über den Tod meines lieben Vaters." Die Eltern-Sohn-Beziehungen waren also doch wohl eher ungestört.

Der Beginn von Luthers organischen Erkrankungen wird unterschiedlich angesetzt, und ihre Entstehungsursachen werden keineswegs einheitlich gesehen. Küchenmeister und Ebstein, die uns wertvolle Monographien hinterlassen haben, sahen den Hauptgrund für Luthers Krankheiten in seinem 16jährigen Klosteraufenthalt, der durch Fasten, Nachtwachen und andere Exerzitien viele schädigende Einflüsse und Gefahren für seine Gesundheit zur Folge hatte. Luther selbst hat diese Auffassung durch folgenden Bericht über seine Lebensweise bestätigt: „Ich selbst versuchte mit dem grössten Fleisse, mehr als dies zu leisten, durch Fasten, Vigilien (Nachtwachen), Predigten und andere Exercitien meinen Körper schwächend (corpus macerans)... so daß ich dem Körper mehr Last auferlegte, als er ohne Gefahr für die Gesundheit ertragen konnte", um an anderer Stelle fortzufahren: „Ich hätte mich bei Zeiten zu todt gefastet; denn oft nahm ich in 3 Tagen weder einen Tropfen noch ein Krümchen Brod zu mir." Eine übermäßige Enthaltsamkeit und schwerste Entbehrungen bei unzureichendem Schlaf auf hartem Lager ohne ausreichende Bedeckung führten zu einem Zustand völliger körperlicher und geistiger Erschöpfung mit der Folge gelegentlich auftretender heftiger Erregungszustände und exzentrischer Gemütsverstimmungen, die durch die zusätzliche Übernahme vielfältiger Ämter immer wieder auftraten.

Die meisten Gefahren für Luthers Gesundheit liegen auch für mich in seinem langjährigen Klosteraufenthalt, der irreparable Schäden für seine Gesundheit haben sollte. Aufgrund seines jugendlichen Alters und einer von Haus aus vorhandenen eher robusten Gesundheit vermochte sein Organismus die in dieser Zeit entstandenen Schäden noch zu kompensieren, bevor sie sich klinisch manifestierten. Aber das war nur eine Frage der Zeit. Im Kloster wurden viele Krankheiten Luthers vorprogrammiert, und an auslösenden Faktoren fehlte es später in seinem unsteten und psychisch wie physisch aufreibenden Leben wahrlich nicht.

Nach einer anderen Version wird Luthers Wartburgzeit wegen des Aus- und Eingesperrtseins, des Bewegungsmangels mit einer überwiegend sitzenden Tätigkeit bei üppiger Kost und reichlichem Wein als Ursache für seine organischen Erkrankungen angesehen. Fraglos brachte dieser Aufenthalt eine Umstellung seiner Lebensweise mit sich und zwang Luther zu Müßiggang. Während der Leipziger Disputation hatte der Humanist Petrus Mosellanus Luther so beschrieben: „Martinus ist nur mittelgroß, hager und von Sorgen ebenso wie von vielem Studieren so ausgemergelt, daß man in der Nähe alle Knochen am Leibe zählen kann. Aber er steht noch im frischen Mannesalter. Seine Stimme klingt hell und klar. Außerordentlich ist seine Gelehrsamkeit und Schriftkenntnis... Im Umgang ist er fröhlich und freundlich, überhaupt nicht finster und stolz, weiß sich in verschiedene Personen und Zeiten zu schicken. In Gesellschaft verkehrt er heiter und witzig und ist, wie arg auch seine Widersacher ihn bedrohen mögen, stets sicher

und freudig. Zum Vorwurf aber machen ihm die meisten, daß er in der Polemik wenig Maß hält und bissiger ist, als sich für einen Theologen ziemt."

Als Luther die Wartburg verließ und unerkannt am 3. März 1522 in Jena im „Schwarzen Bären" mit Schweizer Studenten zusammentraf, schrieb einer dieser Studenten, der spätere Pfarrer und Chronist von St. Gallen, Johannes Kessler, Luther sei von „... einer natürlich zimlichen faiste, eines uffgehepten Gangs, also da er sich meer hindersich dann furdersich naiget, mit uffgehepten angesicht gegen himel". Die Wartburgzeit hatte also auch äußerlich ihre Spuren hinterlassen und sein Erscheinungsbild gewandelt, was sich allerdings in dem Gemälde von Lucas Cranach dem Älteren aus dem gleichen Jahr (wahrscheinlich Dezember 1521) nicht in dem Maße spiegelt.

Von anderen Autoren dagegen wird die klinische Manifestation seiner Krankheiten in die Zeit von 1522 bis 1525 gelegt, in die die Auflösung des Augustinerkonvents fiel. Diese Jahre waren bestimmt von völliger Unregelmäßigkeit, mit mangelhafter Ernährung und Pflege. Luther selbst sagte von dieser Zeit: „Ich war müde und arbeitete den ganzen Tag mich ab, und fiel also ins Bette, das mir niemand machte und wußte nichts darum." Der Vollständigkeit halber will ich erwähnen, daß der Beginn von Luthers Erkrankungen auch in die Zeit nach seiner Verheiratung gelegt worden ist, da die gute Versorgung und Pflege sowie ein geregeltes Leben angeblich eine „Gleitschiene zur Adipositas" gewesen sei.

Übereinstimmend an allen Hypothesen ist, so unterschiedlich sie in ihrer Aussage auch sind, daß sie alle nach einer Erklärung für Luthers auffallend schlechten Gesundheitszustand suchen. Da Luther jedoch schon vor seinem Wartburgaufenthalt über Krankheiten berichtet hat, dürfte die asketische Lebensweise im Kloster seiner Gesundheit den größten Schaden zugefügt haben, und was die „Gleitschiene zur Adipositas" betrifft, so hatte die Wartburgzeit auf diesem Gebiet schon erste Vorarbeit geleistet.

Luther als Junker Jörg.
Gemälde von Lucas Cranach d.Ä., Dezember 1521

Über Luthers Kinderkrankheiten und seine Kindheit überhaupt ist kaum etwas bekannt. Luther hatte sieben Geschwister, von denen drei frühzeitig starben, darunter seine beiden Brüder Veit und Heintz, die im Jahre 1505 den Folgen der Pest erlagen. Luther – und hier kann ich lediglich auf die bekannten Beschreibungen zurückgreifen – soll ein zarter, schwächlicher Knabe gewesen sein, mehrfach von schweren Krankheiten heimgesucht. Diagnosen sind allerdings nicht möglich, auch nach der Beschreibung des kurfürstlichen Leibarztes und Lutherfreundes Matthäus Ratzeberger nicht, der ab 1517 häufig Luthers Lebensweg kreuzte. Als Luther 1497 in Magdeburg die Schule besuchte, sei ihm „ein hart brennend fieber ankommen, welches Ihn heftig geplaget". Worum es sich handelte, ist schwer zu sagen. Ratzeberger nennt lediglich einen fieberhaften Infekt. Vielleicht hatte Küchenmeister recht, wenn er an Typhus dachte. Aber die Vermutung bleibt vage, zumal sich Ratzeberger auf keine Diagnose festlegte.

Im Jahre 1503 verletzte sich Luther in der Nähe Erfurts mit einem Degen am Unterschenkel und erlitt einen schweren Blutverlust. Durch Kompression des Gefäßes mit dem Daumen konnte er die Blutung so lange stillen, bis ein herbeigerufener Wundarzt sachgerecht einen Verband anlegte. Zum Stillstand scheint die Blutung auch danach nicht gekommen zu sein, denn in der Nacht darauf brach sie erneut auf. Die Heilung gestaltete sich durch eine Wundinfektion und durch die unzureichende Behandlung schwierig und besonders langwierig. Offenbar war die Verletzung so gefährlich, daß Luther sehr verzagt und um sein Leben besorgt war. Nur so läßt sich wohl seine spätere Äußerung deuten: „Da wäre ich auf Mariam dahingestorben."

Für Emme war es keine zufällige Verletzung mit dem Degen, sondern die Folge eines Duells, das Luther am 16. April 1503 mit Conradus Wigant, mit dem er gemeinsam von Mansfeld heimkehrte, ausgetragen hatte. Als Beweis führt er an, daß Luther um diese Zeit die Himmelspforte mit der weniger angesehenen Georgenburse vertauschen mußte, worin Emme eine Strafmaßnahme der Universität zu erkennen glaubt, da der Gebrauch von Waffen untersagt war. Auf jeden Fall hat Luther an dieser Beinverletzung noch lange laboriert.

Ein Vorfall aus Luthers Klosterzeit, der wie kaum ein anderer wiederum zum Gegenstand psychohistorischer Spekulationen wurde, war ein angeblicher Krampfanfall im Chor der Klosterkirche. Danach sei Luther, als der Abschnitt von dem Besessenen gelesen wurde, krampfartig niedergefallen und habe ausgerufen: „Ich bin's nicht, ich bin's nicht!" Eigenartigerweise hat Luther selbst an keiner Stelle darüber berichtet, obwohl er sonst eine erstaunliche Redseligkeit über seine Angst- und Beklemmungszustände, vor allem aus seiner Mönchszeit, an den Tag legte. Der Vorfall scheint Aufsehen erregt zu haben, denn man sagte Luther nach, daß er ein von Dämonen Besessener oder ein Epileptiker sei. Das Vorliegen einer Epilepsie bei Luther ist von mehreren Seiten vermutet worden, ja Luther selbst hat über seine „Epilepsie" geschrieben, so daß ich hier der Frage nachgehen möchte, ob Martin Luther tatsächlich ein Epileptiker gewesen ist, zumal die Antwort darauf bis heute aussteht.

Verschiedene Anzeichen scheinen für eine Epilepsie zu sprechen, die wir zunächst zur Kenntnis nehmen müssen. Cochläus hegte keinen Zweifel daran, daß Luther Epileptiker war, und schrieb: „Man weiß wohl ... wie er im Chor niedergefallen ist, brüllend wie ein Ochs, als man das Evangelium von einem besessenen Menschen las." Der Chronist der Lutherzeit, Ratzeberger, wußte zu berichten, „... Das Luther an der Erden auf seinem Angesichte ligt In einer Onmacht mit Ausgestreckten armen", als Gäste ihn im Wittenberger Schwarzen Kloster besuchen wollten.

Auch darf nicht unerwähnt bleiben, daß einige Lutherforscher versucht haben, aus dem Gewittererlebnis von Stotternheim ein Damaskuserlebnis zu machen, und es mit jenen optischen Halluzinationen verglichen, die einst der Apostel Paulus auf dem Weg nach Damaskus erfahren hatte, wie es in der Apostelgeschichte 26, 13 nachzulesen ist: „Mitten am Tage ... sahe ich auf dem Wege, daß ein Licht vom Himmel, heller denn der Sonnenglanz, mich, und die mit mir reiseten, umleuchtete." Solche Wahrnehmungen können zu einer Aura gehören, die einen epileptischen Anfall einleitet. Von Paulus nimmt man an, daß er Epileptiker gewesen ist, und Luthers heftige Gemütserregungen während des Gewitters sind ebenfalls auf einen epileptischen Anfall zurückgeführt worden.

Können die für das Vorliegen einer Epilepsie angeführten Argumente einer medizinischen Prüfung standhalten? Dazu müssen wir zunächst das Krankheitsbild selbst näher kennenlernen. „Die" Epilepsie gibt es nicht, sondern verschiedene Formen von Epilepsien, von zerebralen Anfallsleiden. Bis heute sind die Ursachen in über 50 Prozent der Fälle unbekannt. Familiäre Dispositionen zu Epilepsie liegen kurz über 10 Prozent, so daß dieser Anteil wenig ins Gewicht fällt. Auch bei Luther ist, wie kaum anders zu erwarten, die Familienanamnese diesbezüglich „leer". Wenn Luther tobend im Chor der Klosterkirche niederfiel und wir seinen Ausruf „Ich bin's nicht" als Initialschrei gelten lassen wollen, mit dem ein Anfall oft beginnt, bevor der Patient zu Boden stürzt, könnte es sich theoretisch um einen Grand mal-Anfall (großer epileptischer Anfall) gehandelt haben. Aufgrund unserer Kenntnisse über Luthers Leben ist aber von einer Wiederholung eines generalisierten Epilepsieanfalls ebenso wenig auszugehen wie von der Wahrscheinlichkeit, daß diesem Anfall, wenn es denn überhaupt einer gewesen ist, schon weitere vorausgegangen waren, sehen wir von Stotternheim einmal ab.

Die Hinweise für eine Epilepsie bei Luther reduzieren sich demnach hauptsächlich auf diese beiden bekannten Begebenheiten, die als Beweis für eine Epilepsie schon wegen ihrer Seltenheit angezweifelt werden müssen, weil Wiederholungen der Anfälle die Regel bilden, ganz besonders, wenn die Krankheit unbehandelt bleibt, was zu Luthers Zeit gar nicht anders möglich war.

Luthers spätere Synkopen (Ohnmachten), selbst seine von ihm als „Epilepsie" bezeichneten Zustände dürfen mit einem zerebralen Krampfleiden nicht verwechselt werden. Bei seinen Synkopen handelte es sich um kurzdauernde Ohnmachten, um vegetative Anfälle, und Luthers „Epilepsie" war mit an Sicherheit grenzender Wahrscheinlichkeit eine Menièresche Krankheit mit ihren typischen Drehschwindel-Anfällen, an der Luther spätestens seit 1527 litt. Die Begriffe Epilepsie, Anfall, Synkope, selbst tentatio (Anfechtung) konnten zu Luthers Zeit inhaltlich nicht getrennt werden.

Wenn ein Anfallsleiden bei Martin Luther überhaupt in Frage kommt, dann war es psychogener Natur im Sinne eines hysterischen

Luther vor Kardinal Cajetan. Historisierendes Gemälde von Ferdinand Pauwels, 1873

oder eines teilweise minutenlangen synkopalen Anfalls, der infolge von akuter Bedrohtheit und Ängsten, auch von früheren, auftreten kann. Solche Zustände, in denen der Betroffene reglos und schlaff mit geschlossenen Augen, gelegentlich auch mit starrem Blick „wie tot" aufgefunden wird, sind von Luther dagegen sehr wohl bekannt und scheinen ebenso häufig aufgetreten zu sein wie Krämpfe, auch Weinkrämpfe, Zuckungen und Wälzbewegungen, die das Gesamtbild eines psychogenen Anfalls vervollständigen. Die von Ratzeberger mitgeteilte Beobachtung ist eine geradezu klassische Beschreibung eines psychogenen Anfalls, der sich in Luthers Leben mehrfach wiederholen sollte, und was seine Entstehung anbelangt, so hat es an auslösenden Momenten für solche Zustände bei dem Gebannten und Geächteten, der eine über ein

Jahrtausend alte Ordnung ins Wanken gebracht hatte, wahrlich nicht gefehlt.

Nach meinen differentialdiagnostischen Erwägungen hatte Martin Luther kein zerebrales Anfallsleiden, also keine Form von Epilepsie, dagegen aber mit ziemlicher Sicherheit ein funktionelles Angstsyndrom, das heißt psychogene Anfälle. Die Beweislage für eine Epilepsie bei Luther ist für mich zu schwach und medizinisch haltlos, und damit scheidet Stotternheim auch als Damaskuserlebnis in medizinischer Hinsicht aus.

Die Vermutung Gaudes, daß es sich bei dem Krampfanfall in der Klosterkirche um einen Erregungszustand als Folge einer Durstexsikkose gehandelt habe, ist eine durchaus diskussionswürdige Erklärung, wahrscheinlicher aber war ein psychogener Anfall, für dessen Auslösung es bereits um diese frühe Zeit in Luthers Leben genügend Gründe gab.

Während seiner Reise nach Rom, die Luther im Herbst 1510 antrat, wurde er von einem „allgemeinen Unwohlsein", das er dem „Aer infectus" der Sumpfgebiete zuschrieb, heimgesucht. Die Wirksamkeit einer Behandlung mit Granatäpfeln, die offenbar versucht worden ist, wurde von Luther angezweifelt, wie er überhaupt allen Behandlungsmethoden stets skeptisch gegenüberstand. Für ihn hatte der Kranke selbst seinen Diätplan zu bestimmen. Dieser Einstellung blieb Luther Zeit seines Lebens treu, für seine späteren Ärzte sollte er daher alles andere als ein einfacher Patient werden. Auf der Rückreise von Rom überfielen ihn in Bologna „heftiges Kopfweh und Ohrensausen", Symptome, die sich schon zu dieser frühen Zeit ankündigten und die wir jetzt nicht mehr vergessen sollten.

Ab 1515 begann Luther über allgemeine Erschöpfungszustände zu klagen, die sicher eine Folge seiner vielfältigen Hochschulverpflichtungen und selbstgewählter Überforderungen waren. Auch sie sollten ihn bis zu seinem Tode begleiten und viele Krisensituationen herbeiführen. Von der im Herbst 1516 in Wittenberg

Georg Spalatin. Nach einem Gemälde von Lucas Cranach d.Ä.

herrschenden Pest wurde Luther verschont. Erwähnenswert in dem Zusammenhang ist, daß Luther dieser Infektionskrankheit, die mehrfach Wittenberg heimsuchen sollte, stets furchtlos gegenüberstand – eine Angst vor Ansteckung hat Luther nie gekannt.

Am 11. April 1518 unternahm er mit seinem Ordensbruder Leonhard Beier eine Fußreise nach Heidelberg, wo am 25. April der Konvent der deutschen Augustiner eröffnet wurde. Daß diese körperlichen Strapazen, bei denen er sich einen „Wolf" (volkstümlich für Intertrigo) lief, Luther schwächten, war verständlich, dennoch kehrte er von dort wohlbeleibter und gesund zurück nach Wittenberg.

Als Luther dagegen im September 1518 zum Verhör zu Cajetan zu Fuß nach Augsburg reiste, berichtete er von dort zum ersten Male über Magenbeschwerden und erreichte in völlig desolatem Zustand Nürnberg. Wegen seiner Magenerkrankung mußte er sich kurz vor Augsburg ein Fahrzeug mieten und schrieb an Spalatin: „Wir kamen sehr ermattet in Augsburg an, und ich war durch den Weg fast alle geworden, denn ich hatte mir, ich weiß nicht was für ein schweres Magenleiden zugezogen; aber ich bin wieder hergestellt." Das Jahr 1519 verlief ohne nennenswerte organische Erkrankungen, wobei sich seine psychische Situation, von Erschöpfungen und Anfechtungen gezeichnet, keineswegs stabilisierte. Am 31. Dezember 1519 schrieb Luther an Spalatin: „Lebe inzwischen wohl! Ich bin sehr beschäftigt und zugleich von Versuchungen heftig heimgesucht."

Die Wittenberger Jahre bis zum Reichstag in Worms waren alles in allem noch erträglich. Dann änderte sich das Bild, und schon die Reise nach Worms barg die Gefahr in sich, daß Luther aus Krankheitsgründen sein Ziel, zumindest nicht in der ihm vorgegebenen Frist, erreichen würde. Der Wittenberger Rat hatte ihm einen zweirädrigen Wagen, ein „Rollwäglein", und drei Pferde zur Verfügung gestellt. Zunächst verlief die Reise ohne Besonderheiten, bis Luther Eisenach erreichte. Bei seiner Ankunft dort erkrankte er so schwer, daß er um sein Leben bangte, denn am 10. April „überfiel ihn eine gähliche und heftige Krankheit, welche jedoch durch Aderlaß, und durch den Gebrauch eines Wassers, damit ihm Joh. Oswald, Schultheiß, nachmals Bürgermeister in Gotha, zu Hülfe

*Luther vor Kaiser Karl V. auf dem Reichstag zu Worms.
Kolorierter Holzschnitt, 16. Jahrhundert*

kam, bald wiederum bey ihm gehoben wurde, ohne an der Fortreise verhindert zu werden".

Als Luther vier Tage später in Frankfurt eingetroffen war, hatte sich sein Zustand nicht im mindesten gebessert, so daß er am 14. April seinem schon auf dem Reichstag weilenden Freund schreiben mußte: „Ich komme, mein Spalatin, obgleich der Satan versucht hat, mich durch nicht bloß eine Krankheit daran zu hindern. Denn auf dem ganzen Wege von Eisenach bis nach hier war ich unwohl und bin's noch, auf mir vordem unbekannte Art." Auf der gesamten Reise blieb Luther kränklich und traf völlig ermattet und geschwächt am 16. April in Worms ein. Während seines ganzen Aufenthaltes dort litt er an einer quälenden Hartleibigkeit.

In diesen Berichten werden erstmals Begriffe und Symptome genannt, die einer Erklärung bedürfen, und zwar in Hinblick auf Luthers gastralgische Beschwerden, die auf der Reise nach Augsburg, zumindest als Vorboten, ihren Anfang nahmen. Die „gählige Krankheit" ist als ein Symptomenkomplex von Gallen- und Verdauungsbeschwerden zu verstehen, denn spätestens seit dieser Zeit litt Luther auch an chronischen Obstipationen oder „zu harten Exkrementen", wie er sich am 10. Juni 1521, schon auf der Wartburg weilend, Spalatin gegenüber ausdrückte: „...noch hat mich das Übel, das mich schon in Worms plagte, nicht verlassen, ja, es ist eher stärker geworden: ich leide an zu harten Exkremen- ten."

Die Diagnosefindung wird durch den Brief an Spalatin vom 14. April insofern erleichtert, als Luther hier zu erkennen gibt, daß er „durch nicht bloß eine Krankheit" heimgesucht wurde. Die weiteren Krankheiten nennt er in diesem Brief zwar nicht beim Namen, an anderer Stelle spricht er dagegen aber von seinen „Herzbeschwerden". Luther wurde, darauf möchte ich kurz einge- hen, in Eisenach zu Ader gelassen. Könnten wir unsere heutigen Maßstäbe zugrunde legen, wäre ein Hypertonus sehr wahrschein- lich, den Luther für mich auch fraglos hatte, wobei ich aber bezweifle, daß er zu dieser frühen Zeit schon vorlag. Aderlässe waren zu Luthers Zeit und noch Jahrhunderte danach eine Standardmethode in der Behandlung bei allen möglichen Dia- gnosen, so daß man aus dieser Tatsache allein jetzt noch keine Rückschlüsse auf einen Hypertonus ziehen kann.

Fassen wir dagegen die medizinisch sicheren Symptome Luthers aus dieser Zeit zusammen, so ergibt sich ein ziemlich klares Bild: Luther litt, allgemein gesagt, an Herzbeschwerden, nicht minder stark an solchen im Verdauungskanal, an Magen-Darm-Beschwer- den, an Beklemmungsgefühlen und darüber hinaus an einer „gähligen Krankheit". Damit haben wir das Vollbild des von dem deutschen Internisten Ludwig Roemheld 1912 beschriebenen gastro-kardialen, nach seinem Erstbeschreiber kurz Roemheld- Syndrom genannten Krankheitsbildes vor uns. Wie der Name sagt, werden durch die Erkrankungen im Bereich des Verdauungs- kanals reflektorisch funktionelle Herz- und Kreislaufstörungen ausgelöst. Auch das Roemheld-Syndrom sollte Luther in immer wiederkehrenden Abständen sein Leben lang begleiten.

Spätestens auf seiner Reise nach Worms begann der eigentliche Kampf Luthers mit seinen Krankheiten, die zu dieser Zeit aber erst ihren Anfang genommen hatten. Auch nach den Reichstagsgesprächen litt Luther in Worms gleichbleibend an Verdauungsbeschwerden, und seine Obstipationen wurden nun allmählich chronisch. Wenn Cochläus ihn in den Gesprächen, die er und der Trierer Erzbischof Richard von Greiffenklau mit Luther zum Zweck der Distanzierung von seinen „ärgerlichen" Aussagen vor Kaiser und Reich führte, als Tollhäusler mit schlechtem Gedächtnis beschrieb, so spiegelt sich in dieser Äußerung, wenn sie auch von Polemik überlagert sein mochte, womöglich immer noch Luthers schlechter Gesundheitszustand.

Von der Wartburg bis zur Coburg

Die zehn Monate auf der Wartburg, auf seiner Insel Patmos, die nach der kirchlichen Tradition als Verbannungsort des Apostels Johannes galt, bedeuteten für ihn „Einöde", „Wüstenei" und nichts als „Einsamkeit". Zwar waren sie eine reiche Schaffensperiode, aber gleichermaßen eine Leidenszeit, die den inzwischen auch Geächteten durch anhaltende Hartleibigkeit und Hämorrhoidalbeschwerden plagte wie auch durch „Heimsuchungen", so daß qualvolle Tage und Wochen durchlebt werden mußten.

Am 12. Mai 1521 schreibt Luther von der Wartburg, „aus dem Reich der Vögel", wie er seinen Zufluchtsort nannte, an seinen Freund Melanchthon in Wittenberg: „Der Herr schlug mich durch heftigen Schmerz in den Posteriobus; mein Stuhl ist so hart, daß ich gezwungen werde, ihn mit großer Kraft bis zum Schweißausbruch herauszustoßen. Je länger ich es aufschiebe, desto mehr verhärtet er sich. Gestern habe ich nach vier Tagen einmal ausgeschieden. Dadurch habe ich die ganze Nacht weder geschlafen noch habe ich bis jetzt Ruhe. Bete – bitte! – für mich. Denn dieses Übel wird unerträglich, wenn es so weitergeht, wie es angefangen hat."

Seine schreckliche Hartleibigkeit geht mit solchen Schmerzen einher, daß er nachts keine Ruhe findet. Noch am selben Tage schreibt er einen Brief an Nikolaus von Amsdorf ähnlichen

Inhalts. Seine Verdauungs- und Verstopfungsbeschwerden unterbrechen immer wieder seine geistige Tätigkeit, und inmitten des lateinisch gehaltenen Briefes an Amsdorf erscheint der deutsche Satz: „Mein arss ist bös worden!"

Zwei Tage später berichtet er seinem Freund Spalatin, der um diese Zeit noch in Worms weilt: „Ich habe hier nichts zu tun und sitze wie benommen den ganzen Tag herum..."

Aus dem Brief vom 10. Juni an den Hofkaplan wissen wir, daß ihn das Übel, das ihn schon in Worms plagte, noch immer nicht verlassen hat, denn seine Verdauungsbeschwerden haben sich nicht im mindesten gebessert. Luther schreibt an Spalatin: „Wie noch nie in meinem Leben leide ich unter hartem Stuhlgang, so daß ich an einer Heilung zweifle. Damit sucht der Herr mich heim, daß ich nicht ohne Kreuz lebe." Aber er teilt seinem Freund auch mit: „Der Schloßhauptmann (Hans von Berlepsch, d. Verf.) bewirtet mich weit über das hinaus, was mir zukommt." Luthers Speiseplan war nun ritterlich, ganz anders also, als er es bis dahin gewohnt war, und seinen Obstipationen alles andere als zuträglich.

Schließlich erwägt Luther, auf eigene Faust die Wartburg zu verlassen, um in Erfurt ärztliche Hilfe zu suchen – ein äußerst gefährlicher Plan für den Verschollenen. Aber seine Beschwerden sind unerträglich für ihn geworden und hindern ihn an jeder schöpferischen Arbeit. So schreibt er am 13. Juli an Melanchthon: „Schon acht Tage sind es, daß ich nichts schreibe, weder bete noch studiere, teils durch Versuchungen des Fleisches, teils durch andere Beschwerden gequält. Wenn die Sache nicht besser wird, will ich ganz und gar nach Erfurt gehen – nicht inkognito!... Denn ich will Ärzte und Chirurgen konsultieren. Ich vermag nämlich dieses Übel nicht weiter zu ertragen, da ich leichter zehn große Wunden aushalte als dieses kleine Anzeichen einer Verletzung (des Mastdarms, d. Verf.). So überaus stark beschwert mich der Herr, um mich aus dieser Einöde an die Öffentlichkeit zu reißen." Der rührige Hofkaplan konnte durch eine Sendung von Medikamenten das riskante Unternehmen glücklicherweise verhindern.

Zwei Tage später, also am 15. Juli, ist Luther noch fest entschlossen, Hilfe in Erfurt zu suchen, wie es dem Brief an Amsdorf zu entnehmen ist: „Übrigens werde ich bald in Erfurt sein, bestimmt bevor du diesen Brief erhältst, dank dieser Krankheit." Inzwischen scheint aber die Sendung von Spalatin eingetroffen zu sein, dem er am selben Tage mitteilte, daß er alles erhalten habe, auch die Aloepillen, und dadurch endlich Stuhlgang hatte: „Ich habe nun alles erhalten und die Pillenmixtur nach Vorschrift versucht und bald darauf ohne Blut und ohne gewaltsames Pressen laxiert." Aber der Darmausgang war noch immer verletzt und wund durch die alten Einrisse. Trotz allem war Luther mit der Pillenwirkung zufrieden, fühlte sich körperlich wohler und geistig frischer. Jedoch die Hoffnung trog, und die Linderung war nur von kurzer Dauer, denn schon am 31. Juli klagte er in einem Brief Melanchthon: „Meine Hartleibigkeit wird, wie ich sehe, andauernd und muss ich immer mit Mitteln nachhelfen; alle 4, ja selbst alle 5 Tage habe ich nur einmal Stuhl. Ein merkwürdiger Magen."

Spalatin ist beruhigt, aber der Meinung, daß wohl nur die in Erfurt herrschende Pest Luther von seinem Vorhaben abgehalten habe. Insgesamt scheint sich Luthers Zustand vorübergehend gebessert zu haben, denn am 3. August schreibt er an Melanchthon: „Über meine Gesundheit seid nicht besorgt ... Wer weiß, ob so (hier in der „Verbannung" auf der Wartburg, d. Verf.) das Ende meines Dienstes ist? Habe ich einzelner Mann nicht genug Tumult ausgelöst? Ich habe nicht umsonst gelebt!"

Hans von Berlepsch, sein Gastgeber auf der Wartburg, der als einzig Eingeweihter wußte, daß sich hinter seinem Junker Jörg der geächtete Kirchenmann verbarg, versuchte gemeinsam mit Freunden Luthers ihm durch Ausritte, Spaziergänge und Hasenjagden in der Umgebung Bewegung zu verschaffen, die sicherlich bezüglich seiner Verdauung neben den Abführmitteln Spalatins ihre Wirkung nicht verfehlte. Aber Luther war kein Mann der Jagd, die für ihn „dem sauersüßen Vergnügen der müßigen Helden" gleichkam. In einer von Anton Lauterbach im April 1538 aufgezeichneten Tischrede sagte Luther: „Ich bin aber nicht ein solcher weidemann zu wilte; ich jag den babst, cardinel, bischoff, thumbherrn und monch."

Mit und ohne Jagd bleibt Luthers Gesundheitszustand schlecht, und nachts will sich der Schlaf nicht einstellen. Die Besserung war flüchtiger Natur gewesen, denn am 9. September mußte Luther an

Spalatin schreiben: „Heut hatte ich endlich nach 6 Tagen Stuhl, aber so hart, dass ich mir fast die Seele auspresste. Nun sitze ich da, mit Schmerzen wie eine Wöchnerin, aufgerissen, verletzt und blutig, und werde in dieser Nacht keine oder nur mässige Ruhe finden ... Ich würde von allen Verletzungen heil sein, wenn ich nur leichten Stuhl hätte. Denn wenn ich erst in 4 Tagen wieder gehe, geht die Verletzung wieder von neuem beim Stuhle an. Noch bin ich schläfrig und träge, so daß ich mir sehr mißfalle und verdrießlich bin." Für den Milieuwechsel und vor allem für die so ganz andere schwere Kost auf der Wartburg mußte Luther teuer bezahlen mit andauernden Obstipationen, verbunden mit Hämorrhoidalbeschwerden, selbst wenn ihm die von Spalatin übersandten Aloepillen zeitweilig Abhilfe verschafften.

Anfang Oktober bessert sich allmählich sein Befinden, so daß er berichten konnte: „Mein After und mein Leib haben sich endlich mit mir auf freundlichen Fuß gestellt." Aber nicht seine körperlichen Beschwerden allein machen ihm zu schaffen, immer wieder quälen ihn Anfechtungen und Heimsuchungen. Am 1. November schreibt Luther über sein seelisches Befinden an Nikolaus Gerbel in Straßburg: „Glaube mir, ich bin in dieser arbeitsarmen Einöde tausend Teufeln ausgeliefert. Denn es ist viel leichter, gegen den leibhaftigen (wörtlich: inkarnierten, d. Verf.) Teufel zu kämpfen als mit den bösen Geistern unter dem Himmel. Ich falle oft, aber die rechte Hand des Höchsten hebt mich immer wieder auf ..."

Auch auf der Wartburg wurde Luther also häufig seelisch heimgesucht und litt unter starken Gemütsverstimmungen. Ihm, dem Unerschrockenen, kamen Zweifel an seinem Werk, daß sich bisweilen eine völlige Lustlosigkeit an seiner gewohnten schöpferischen Arbeit einstellte. Besonders aber quälte den vom Leben Ausgesperrten die Ungewißheit um den Fortgang seiner Sache. Luther, den die Einsamkeit niederdrückte und lähmte, war vielen Anfechtungen und mystisch anmutenden Erscheinungen ausgesetzt. Matthäus Ratzeberger schrieb dazu: „... und weil es umb Ihn einsam war, kam Ihme viel gespensts und Unruhe von Poltergeistern zu handen, die Ihm zu schaffen macheten, Unter andern als er sich einmal Zu Nacht wolte schlaffen legen, ligt ein grosser schwartzer Englischer Hund auf dem Bette und will Ihn nicht hinein lassen, Da befiehlet sich Luther unserem Hern Gotte, betet den 8 Psalm und da er uf den Vers kommet Omnia subiecisti sub pedibus ejus (alles hast du unter seine Füße gestellt, d. Verf.) Alsbald verschwand der hund, und blieb Luther dieselbe nacht bey guter Ruhe, Dergleichen viel Andere gespenste kamen Ihme damals fur, welche er alle mit dem gebete von sich getrieben, die er nicht erzelen wollte, dan er sagete, er wollte es niemand sagen, wie mancherlei gespenste Ihn geplaget hatte." Später sprach Luther ganz zwanglos über jene Poltergeister, die ihn einst geplagt hatten, wie Aurifaber schrieb: „Anno 1546, als D. Luther zu Eisleben war, erzählet er diese folgende Historien, wie ihn der Teufel zu Wartburg geplaget hätte, und sprach: Als ich Anno 1521 von Worms abreisete und bei Eisenach gefangen ward und auf dem Schloß Wartburg in Pathmo saß, da war ich ferne von Leuten in einer Stuben, und konnte Niemands zu mir kommen denn zwene edele Knaben, so mir des Tages zweimal Essen und Trinken brachten. Nu hatten sie mir einen Sack mit Haselnüssen gekauft, die ich zu Zeiten aß, und hatte denselbigen in einen Kasten verschlossen. Als ich des Nachts zu Bette ging, zog ich mich in der Stuben aus, thät das Licht auch aus, und ging in die Kammer, legte mich ins Bette. Da kömmt mirs uber die Haselnüsse, hebt an und quizt (quetscht) eine nach der andern an die Balken mächtig hart, rumpelt mir am Bette; aber ich fragte nichts darnach. Wie ich nu ein wenig entschlief, da hebts an der Treppen ein solch Gepolter an, als würfe man ein Schock Fässer die Treppen hinab; so ich dochwol wußte, daß die Treppe mit Ketten und Eisen wol verwahret, daß Niemands hinauf konnte; noch fielen so viel Fasse hinunter. Ich stehe auf, gehe auf die Treppe, will sehen, was da sei; da war die Treppe zu. Da sprach ich: Bist du es, so sei es! Und befahl mich dem Herrn Christo, von dem geschrieben stehet: ‚Omnia subiecisti sub pedibus ejus‘, wie der 8. Psalm sagt, und legte mich wieder nieder ins Bette."

In dieser Einsamkeit wiederholten sich die bekannten psychischen Alterationen aufs neue. Seine Halluzinationen, die auch die Poltergeister-Erlebnisse erklären, lagen überwiegend im optischen und akustischen Bereich. Von Luther wurden sie als Versuchungen des Satans gedeutet. Der Wurf mit dem Tintenfaß nach dem Teufel, seit Generationen für Wartburgbesucher kultiviert, hat lediglich in der Lutherlegende einen Platz.

Die Schwermutsanfälle in seinem „Reich der Vögel" konnten bei einem Mann wie Martin Luther, der von seiner Mission zutiefst durchdrungen war, vom eigentlichen Schauplatz aber ferngehalten wurde, auch seiner Verzweiflung angesichts völliger Ohnmacht und Tatenlosigkeit, zu der er verdammt war, entspringen. Eine psychiatrische Diagnose daraus ableiten zu wollen, halte ich für überzogen und medizinisch nicht begründbar. Luther ist mit den üblichen Maßstäben überhaupt schwer zu messen, denn herausragenden Persönlichkeiten sind auch besondere Verhaltensweisen zuzugestehen, die von dem sogenannten Normalen abweichen. Hinzu kommt, daß Luther nicht schlechthin eine herausragende Persönlichkeit gewesen ist, sondern ein Mann, der eine Jahrhunderte alte Ordnung angetastet hatte und dessen innere Kämpfe von uns schwer nachvollzogen werden können. Luther war sich der Tragweite seines Wirkens voll bewußt, und Zweifel an der Richtigkeit seines Tuns überfielen ihn immer wieder, ganz besonders in Zeiten der Einsamkeit und Abgeschiedenheit. Die Vorkommnisse auf der Wartburg sind für mich Wiederholungen seiner psychogenen Anfälle, ein Ausdruck seiner Ängste und Bedrohungen.

Eindeutig aber förderte sein Wartburgaufenthalt eine neue eigenständige Krankheit zu Tage. Seine vielen Briefzitate lassen keinen Zweifel daran, daß Luther spätestens seit dieser Zeit, im Grunde schon seit Worms, an einer chronischen Verstopfung litt mit allen dazugehörenden Begleit- und Folgeerscheinungen. Es ist an der Zeit, diesen Umstand medizinisch näher zu beleuchten. Zunächst geht es mir darum, diese Hartleibigkeit, über die Luther oft genug berichtete, gegen seine schon bekannten Magenbeschwerden und sein Roemheld-Syndrom abzugrenzen. Sie hatten nichts miteinander zu tun.

Grundsätzlich waren seine anhaltenden Stuhlverstopfungen die Folge einer gestörten Darmmotilität. Diese Stuhlträgheit kann als atonisch-hypokinetische oder als eine spastische Form auftreten, deren Ursachen unterschiedlich sind und die nur unter Einsatz der modernen diagnostischen Möglichkeiten von heute voneinander abgegrenzt werden können. Eine derartige nachträgliche Ursachenfindung und Einordnung ist bei Luther selbstverständlich ausgeschlossen. Für mich hatte Luther eine habituelle oder primäre Obstipation ohne erkennbare Grunderkrankung, die durch seltene Darmentleerungen und harte Stühle charakterisiert ist. Das alles traf, wie wir gesehen haben, in vollem Maße auf Luther zu. Auch wenn im allgemeinen Frauen häufiger davon betroffen sind, kommt eine Stuhlträgheit selbstverständlich auch bei Männern vor. Die Ursachen sind nicht bis ins letzte geklärt, man weiß aber soviel, daß eine schlackenarme Kost die Entstehung der Verstopfung fördert. Was diese Seite anbelangt, hat Luthers „Speiseplan" als Junker auf der Wartburg die Manifestation seiner Obstipationen fraglos gefördert. Eine weitere Bestätigung meiner Annahme, daß Luther an einer habituellen Obstipation gelitten hat, waren die Begleiterscheinungen wie seltene Darmentleerungen mit hartem Stuhl, die von ihm bekannten und beschriebenen abdominellen Schmerzen und seine allgemeine Leistungsschwäche, über die Luther oft genug geklagt hat. Wochenlang konnte er wegen dieser Beschwerden nicht konzentriert arbeiten, weder schreiben noch studieren.

Ein weiterer Beweis für diese eigenständige Krankheit waren Luthers hämorrhoidale Beschwerden, eine Folge seiner habituellen Obstipation. Luther befand sich im mittleren Lebensalter, in das bevorzugt das Auftreten von Hämorrhoiden fällt. Außerdem ist bei Hämorrhoiden das männliche Geschlecht etwas häufiger als das weibliche betroffen. Weiterhin bestätigt die Diagnose, daß unter allen ätiologischen Faktoren eine chronisch gestörte Darmentleerung als häufigste Ursache angesehen wird, das heißt, eine Obstipation ist die wichtigste Ursache der Hämorrhoiden.

Daß eine einseitige und vor allem ballastarme Ernährung zur Entwicklung chronischer Verstopfungen führt, ist erwähnt worden, und daß Luther während der zehn Monate auf der Wartburg auch so lebte, wissen wir durch seine eigenen Äußerungen. Fettreiche Nahrung und reichlicher Alkoholgenuß begünstigen wiederum die Vergrößerung der analen Schwellkörpergefäße, die Entstehung von Hämorrhoiden also. Daß Luther im Kreise von Junkern auf der Wartburg gezwungen war, sich deren Eß- und Trinkgewohnheiten anzupassen, bedarf des Kommentars nicht mehr – selbst wenn er fand, daß ihm diese Lebensweise nicht zustehe. So besteht für mich kein Zweifel daran, daß Luther, um eine weitere Krankheit „bereichert", die Wartburg verließ, nämlich mit einer ihn durch sein Leben begleitenden habituellen Obstipation mit den ebenfalls schon eingetretenen typischen Folgen von Hämorrhoiden.

Nach Luthers Rückkehr von der Wartburg waren Thomas Eschaus und wenig später Augustin Schurff seine behandelnden Ärzte. Während Eschaus, den Luther wegen seiner Tüchtigkeit besonders schätzte, bald wieder aus seinem Umfeld entschwand, wurden Schurff und nun auch Ratzeberger immer bedeutsamer für ihn. Als behandelnder Arzt Luthers trat Ratzeberger jedoch erst in dessen letzten Lebensjahren auf den Plan. Er war ein begeisterter, auch theologisch gebildeter Anhänger Luthers, in dem er einen Propheten und Wundermann sah. Außerdem ist in der Folgezeit von anderen Ärzten zu hören. So sollten Melchior Fendt, Georg Kleinschmidt-Curio und Kaspar Lindemann Luther immer unentbehrlicher werden.

Luthers Beschwerden im Verdauungstrakt waren unterschiedlich ausgeprägt, und es gab durchaus Zeiten relativen Wohlbefindens. Dazu trug sicher auch der Umstand bei, daß der Bewegungsmangel, zu dem Luther auf der Wartburg verurteilt war, sich nun ins Gegenteil verkehrte, denn daß er vogelfrei war, kümmerte den Reformator wenig. Um seine reformatorische Bewegung wieder in die richtigen Bahnen zu bringen, bedurfte es des ganzen Mannes, und so waren seine folgenden Jahre mit einem immensen täglichen Arbeitspensum angefüllt.

Im April 1523 litt Luther nach einem Bericht Melanchthons während einer Kindtaufe in Schweinitz wieder an einer Magenverstimmung, die mit Erbrechen einherging. Ob es sich dabei aber um eine Fortsetzung seines schon bekannten Leidens handelte, ist schwer zu sagen, denn Küchenmeister war der Meinung, daß hier übermäßiger Alkoholgenuß im Spiel gewesen sei, was nicht auszuschließen ist, da Luther einen guten Trunk liebte und erlaubte. In dem am 25. April 1523 von Luther an Spalatin geschriebenen Brief sieht Küchenmeister für seine Annahme eine verschlüsselte

Bestätigung, wenn es darin heißt: „Sonst nichts Neues, nur daß ich mir durch ein Bad ein Fieber zugezogen habe."

Kawerau und Gaude teilten Küchenmeisters Meinung nicht, da Luthers Magenbeschwerden bereits vor der Kindtaufe, als er nach längerer Reise vom Wagen stieg, eingetreten seien. Für sie waren Luthers gastralgische Beschwerden eine Wiederholung seiner Erkrankung von 1518, als er nach Augsburg reiste, und von 1521 während seiner Reise nach Worms. Da Luther um dieselbe Zeit häufig über Herz- und Kreislaufbeschwerden klagte, ist das Roemheld-Syndrom für mich am wahrscheinlichsten, denn über ein selbstverschuldetes, alkoholverursachtes Erbrechen hätte Luther sich wohl schwerlich beklagt.

Wenn Luther auch kein Abstinenzler war, so darf man ihn doch nicht in die Nähe eines Trinkers bringen, wie seine Widersacher es allzuoft versuchten, nur weil er nicht in Askese lebte. Luther trank gern Bier und leichte Weine und sprach in aller Offenheit darüber, was er als Trinker wohl kaum getan hätte. Er haßte die Trunksucht der Deutschen, gegen die er sich auf der Kanzel, aber auch in seinen Tischreden aussprach. Am Abend vor einer Predigt sagte er: „Morgen muß ich über Noahs Trunkenheit lesen; darum will ich heute Abend einen kräftigen Trunk tun, damit ich dann aus Erfahrung von der schlimmen Sache reden kann." Seinem Freund Cordatus sagte Luther: „Man mus jo eynem ydem lande seynen gebrechen zu guthe halthen. Die Behmen fressen, die Wende (Slawen) stelen, die Deudschen sauffen gethrost (tüchtig); den, lieber Cordate, wie wolt ir itzt anders einen Deudschen vorthuen den es wer musica und alles ritter spill gefallen (mißachtet), alleyn mit sauffen wer die verehrung."

In einer anderen Tischrede ging Luther abermals auf diese Unart der Deutschen ein und sagte: „Ich habe neulich zu Hof eine harte, scharfe Predigt getan wider das Saufen; aber es hilft nicht. Man sagt: Es könne zu Hofe nicht anders sein, denn die Musik und alles Ritter- und Saitenspiel wäre gefallen, allein mit Saufen wäre jetzt die Verehrung an Höfen...Aber wenn ich wieder zum Fürsten komme, so will ich nicht mehr tun denn bitten, daß er überall seinen Untertanen und Hofleuten bei ernster Strafe gebieten wolle, daß sie sich ja wohl vollsaufen sollten. Vielleicht, wenn es geboten würde, möchten sie das Gegenteil tun; was verboten ist, dawider handelt man gern."

Erwähnenswert ist, daß Luther ab 1523 häufiger unter Kopfschmerzen mit gelegentlichen Schwindelanfällen litt, wie Ratzeberger es uns übermittelt hat, Symptome, von denen wir erstmals auf seiner Romreise hörten. Zu den Kopfschmerzen, die Luther als heftiges Drücken, Sausen und Brausen beschrieb, so daß er in Schwindel und Ohnmacht falle, kamen 1523 wiederholt Magenbeschwerden hinzu. Einen schweren Ohnmachtsanfall (Synkope) im Herbst 1523 hat Ratzeberger beschrieben, von dem Luther sich aber schnell wieder erholte. Er sollte sich, begleitet von Kopfschmerzen und Schwindelanfällen, in den Folgejahren ständig wiederholen. Diese Symptome sind für mich die Vorboten seines ersten Menièreschen Anfalls gewesen, der sich vier Jahre später ereignete.

Im März 1525 litt Luther wieder an seiner „alt Krankheit des Morbi Gallici", kurz bevor er seine Schrift gegen „den Bäurischen Uffruhr" verfaßte, worauf wir im nächsten Kapitel zurückkommen müssen. Auch quälten ihn in diesem Jahr wieder wochenlang seine Obstipationen und Hämorrhoiden. Von dem anfänglichen gesundheitlichen Wohlbefinden in Wittenberg konnte allmählich keine Rede mehr sein. Heftige Kopfschmerzen hinderten den rastlos Schaffenden bisweilen vollends an seiner Arbeit, machten ihn müde und lustlos.

So sind die vielen Krankheiten auch psychisch nicht spurlos an Luther vorübergegangen. Während er noch zu Beginn seiner Rückkehr nach Wittenberg Züge von Verhandlungsbereitschaft und Toleranz erkennen ließ, wurden im Laufe der Zeit Zornesausbrüche und Polemik immer häufiger, oft in beängstigendem Maße. Im August 1524 hatte er in Jena eine Predigt gehalten, in der er das Maß vollends verlor, seinen ehemaligen Mitstreiter Karlstadt auf das heftigste angriff und mit dessen Gemeinde in Orlamünde herrisch und unsachlich verfuhr.

Seine literarischen Fehden mit König Heinrich VIII. von England, Herzog Georg von Sachsen, Erasmus von Rotterdam und anderen waren für ihn zwar ein „fröhliches Aufeinanderplatzen" der Meinungen, jedoch waren sie tatsächlich weit mehr. Mit regelrechter Freude bediente er sich durchaus zweifelhafter Mittel, wenn er nicht zurückschreckte, die Namen seiner Gegner zu persiflieren und aus Eck Dr. Dreck, aus Cochläus Kochlöffel oder Rotzlöffel, aus Schwenckfeld Stenkfeld machte, um nur einige Beispiele zu nennen. Viele Angriffe und bedenkliche Verhaltensweisen, besonders, was den Papst betraf, entstanden unter dem Einfluß körperlicher und daraus resultierender seelischer Belastungen, die im nächsten Kapitel diskutiert werden.

Selbst wenn die Zeit von 1522 bis 1525 im Vergleich zu späteren Jahren für Luther gesundheitlich immer noch erträglich war, so haben sich seine somatischen Erkrankungen im psychischen Bereich kontinuierlich weiter ausgewirkt, denn Luther wurde ständig gereizter und unduldsamer. Auch in den Phasen des kraftvollen Eintretens für seine neue Lehre überfielen ihn immer wieder Schwermut und Zweifel, sein psychogenes Anfallsleiden, über das Ratzeberger berichtete: „So wird ihm angezeigt, daß sich Luther in sein Stüblein eingeschlossen und dasselbe über die Zeit zugehalten, auch in etzlicher Zeit nichts Sonderliches gegessen, noch getrunken und Niemand zu sich habe lassen wollen. Da dachte M. Lucas, es muß gewiß nicht recht um ihn stehen, klopfte an, bekam aber keine Antwort. Da schauete er durch ein Löchlein in der Thür hinein und sieht, daß Luther an der Erde auf seinem Gesichte liegt in einer Ohnmacht, mit ausgestreckten Armen..." Wobei es durchaus vorkam, daß Luther sich für ein bis zwei Tage einschloß und niemanden zu sich ließ.

Die Jahre von 1522 bis zu seiner Verheiratung konnten Luthers Gesundheit schwerlich stabilisieren, da sie wegen der Auflösung des Augustinerkonvents mit Unregelmäßigkeit und fehlender Ordnung in seinem Privatleben einhergingen. Mit Arbeit überhäuft, ohne die Geborgenheit eines eigentlichen Zuhauses, fehlte der für die Regeneration seiner Kräfte notwendige Ruhepol. Das Jahr 1525 verlief zwar nicht beschwerdefrei, war aber doch erträglich und erfuhr durch seine Eheschließung am 13. Juni einen grundlegenden Wandel. Katharina von Bora war einer guten Küche nicht abgeneigt, und ihr Ehegemahl paßte sich diesen Vorzügen gern an. Wir wissen, daß die Verheiratung angeblich eine „Gleitschiene zur Adipositas" für Luther war, zumindest konnte sie es sein, denn fest steht, daß der Reformator seit dieser

Zeit fülliger wurde. Darin allerdings die Ursache für seine vielen Erkrankungen sehen zu wollen ist lediglich von akademischer Bedeutung. Michael Alberti, der 1751 eine Arbeit über Luthers Krankheiten herausgab, stellte den Zusammenhang seiner zunehmenden Adipositas mit Luthers neuen Eßgewohnheiten unter Berufung auf Zeitzeugen sogar in Abrede und schrieb: „Solche gerühmte Mäßigkeit ging bey Luthero manchmal so weit, daß er etliche Tage sich gäntzlich des Essens und Trinkens, wiewol zu seiner Entkräftung, enthalten. Es bezeuget Seckendorf von ihm, daß er vor großen Fleiß im Studiren sich in sein Schlaf Gemach eingeschlossen, und bey auch drey Wochen sehr wenig gegessen und getrunken, ja sich dergestalt ausgehungert und ausgemergelt, daß er fast in Ohnmacht gefallen."

Wenn Luther sich tagelang einschloß, dann hatte das dieselben Ursachen wie für die Beobachtungen Ratzebergers. Von daher ist die Aussage dieses Berichts doch eher anzuzweifeln, wobei wir unter einer Diät zu Luthers Zeit aber nicht unsere Maßstäbe ansetzen dürfen. Reichliche Fleischmahlzeiten und Bier in großen Mengen gehörten im Reformationszeitalter zur Normalität, auch für Martin Luther, wenn man nicht gerade ein wirtschaftlich Marginalisierter war.

1526 war für Luther dagegen ein Jahr mit ganz gravierenden Erkrankungen, denn zum ersten Mal erlebte er eine Kolik im Bereich der ableitenden Harnwege, den Ausbruch seines schweren Steinleidens, dessen Beginn wahrscheinlich schon in das Jahr 1521 zurückdatiert werden kann. Als sich nach Tagen endlich ein großer Stein mit dem Urin entleerte, fanden seine behandelnden Ärzte Luther wie gewöhnlich an seinem Schreibtisch sitzend. Mit dem Stein waren auch die Schmerzen von ihm gegangen. Luther hat später, nicht ohne Humor, in einer Tischrede am 8. April 1539 die Koliken wie folgt geschildert: „Ich gehe abermahl schwanger und liege in Kindesnöthen, krächze am Steine, welches eigentlich der Teutschen Krankheit ist, wie man sagt, daß das Zipperlein in England soll sehr gemein sein." Seiner ersten Kolik waren nach Schilderung der Ärzte Kopfschmerzen, Schwindel und Appetitlosigkeit vorausgegangen mit einer Schwere des Kopfes, die ihn wie benommen machte.

Während seiner Steinerkrankung traten der bereits erwähnte Arzt Professor Dr. Augustin Schurff und der Lizentiat Melchior Fendt zum ersten Mal auf den Plan. Wenn Luther den von Schurff entworfenen Behandlungsplan auch völlig ignorierte, nahmen die Beziehungen zwischen beiden doch keinen Schaden. Schurff und Fendt standen Luther in seinen schweren Krankheitsjahren treu und hilfreich zur Seite und bewährten sich ein Jahr später schon aufs neue.

1527 sollte für Luther das Jahr seiner bislang schwersten Prüfungen werden. Am 1. Januar berichtete er Spalatin über einen Ohnmachtsanfall, der ihn aber wenig zu beeindrucken schien: „...wie gefällig die Synkope ist und wie ekelhaft langweilig die Regel." Einige Tage später erlitt er dann aber einen so beängstigenden Angina pectoris-Anfall, daß Luther um sein Leben bangte. Am 13. Januar schrieb er an Spalatin: „Es ist wahr, daß ich mich neulich sehr beengt ums Herz fühlte, hervorgerufen durch ein Blutkoagulum, und beinahe wäre ich gestorben. Aber mir half schnell ein Trunk Aqua Cardui benedicti, wie sie es nennen. Dieses Wasser, obgleich von den Ärzten vernachlässigt oder vielmehr ihnen unbekannt, verhilft schnell zu einem erstaunlichen Wohlsein." Das Vorhandensein des Kardobenediktenwassers im Lutherschen Haushalt läßt den Schluß zu, daß es sich nicht um den ersten Anfall dieser Art gehandelt hat. Am 22. April zwang ihn ein heftiger Schwindelanfall zum Predigtabbruch.

Am 6. Juli morgens kündigte sich eine neue Krankheit an, die mit einem „Angstanfall" ohne körperliche Beschwerden begann. Durch Berichte von Justus Jonas und Johannes Bugenhagen sind wir über Luthers Zustand umfassend informiert. Danach legte sich Luther gegen 17 Uhr wegen Schwindels und zunehmender Schwäche in sein Bett, das er wegen starken Klingens und Brausens im linken Ohr nicht verlassen konnte. Dem folgte angeblich ein Ohnmachtsanfall.

Um die Diagnose vorwegzunehmen und die zeitgenössischen Berichte von Jonas und Bugenhagen vor diesem Hintergrund betrachten zu können, muß festgestellt werden, daß Martin Luther am 6. Juli seinen ersten großen Menièreschen Anfall erlitt, eine Krankheit, die ihn über viele Jahre begleitete und ihn spätestens während seines Aufenthaltes auf der Veste Coburg erneut heimsuchte. Zu der von dem französischen Internisten Prosper Menière 1861 beschriebenen Krankheit gehört eine obligatorische Symptomentrias. Zunächst empfindet der Patient ein Sausen und Brausen in einem Ohr, das sich verstärkt und unerträglich laut wird. Dann tritt anfallsweise ein heftiger Drehschwindel auf. Um nicht zu fallen, muß sich der Patient festhalten oder hinlegen. Meist treten vegetative Reizerscheinungen wie Übelkeit und Erbrechen, Kopfschmerzen und Schweißausbruch hinzu. Als weiteres Symptom stellt sich eine irreversible Innenohrschwerhörigkeit ein, wobei die Krankheit zumeist einseitig auftritt. Während des gesamten Anfalls bleibt das Bewußtsein erhalten. Häufig schläft der Kranke nach Abklingen des akuten Anfalls völlig erschöpft ein. Nach dem Erwachen haben sich der Schwindel und das Erbrechen gelegt, das Sausen und Brausen im Ohr sowie die begleitende Schwerhörigkeit bestehen jedoch fort. Diese Anfälle wiederholen sich, werden im Laufe des Lebens jedoch geringer, um schließlich nicht mehr aufzutreten. Was bleibt, ist die Schwerhörigkeit, die zur völligen Taubheit führen kann. Die Pathophysiologie dieser Krankheit wird in einer Resorptionsstörung der Endolymphe im Innenohr gesehen. Durch die Ruptur des Endolymphschlauchs kommt es zur Vermischung von Endo- und Perilymphe, deren unterschiedliche Elektrolytzusammensetzung zu einer massiven Störung des Gehör- und Gleichgewichtsorgans führt, bis sich die Ruptur schließt und der Anfall endet. Dann beginnt der Prozeß von neuem. Die eigentliche Ursache der Menièreschen Krankheit ist bis heute unbekannt. Seelische Belastungen und Streß werden immer wieder diskutiert. An beiden hat es bei Luther wahrlich nicht gefehlt.

Der Anfall kann von Minuten bis zu mehreren Stunden andauern. Ihm folgen nicht selten lange freie Intervalle, in denen das Ohrensausen mit oder ohne Drehschwindel fortbestehen kann. Die Schwerhörigkeit, die auch bei Luther vorlag, wird häufig vom Patienten kaum registriert, da das Ohr durch das tösende Rauschen völlig betäubt ist und nur allein das Ohrensausen als lästig und unerträglich angegeben wird.

Ein Patient mit einer Menièreschen Krankheit lebt ständig in der Angst vor einem nächsten Anfall. Sie treibt selbst psychisch

robuste Personen in einen Zustand der Verzweiflung, der Resignation und Depression. Alles das finden wir bei Luther in geradezu
klassischer Weise. Selbst als seine Anfallshäufigkeit nachließ, blieben
Ohrensausen und Schwindel noch jahrelang seine Begleiter.
Luthers spätere Verhaltensweisen dürfen nicht losgelöst davon gesehen werden, da das Wissen um diese Krankheit manche Erklärung erleichtert und der Lutherforschung neue Impulse geben
kann.

Von Luther wissen wir, wie gesagt, daß er sich am 6. Juli gegen
17 Uhr wegen Schwindels, zunehmender Schwäche und starken
Klingens und Brausens im linken Ohr hinlegen mußte. Seine
eigene Beschreibung über dieses Geräuschphänomen ist geradezu
klassisch, wenn Luther es als Sausen, Brausen, ähnlich dem
Geräusch von Windmühlenflügeln donnerähnlich empfand.
Hören wir dazu zunächst einige Auszüge aus dem Bericht von
Justus Jonas. Luther hatte sich zu Bett gelegt, da er sich unwohl
fühlte, wollte aber im Kreise seiner Gäste, die meist sein Haus
füllten, gemeinsam das Abendessen einnehmen, „...klaget aber
über ein groß verdrießlich, ungewöhnlich brausen und klingen
des lincken Ohrs...Weil aber dasselbige klingen und sausen
größer und häfftiger ward...gieng (er, d. Verf.) derhalben wieder
hinauff in seine Schlafkammer...Da er über die Schwelle der
Schlaffkammer trat, gieng ihm eine Ohnmacht zu, spricht hastig
zu mir, O Herr Doct. Jona, mir wird übel, Wasser her, oder was
ihr habt, oder ich vergehe...Indes fähet er an zu beten: Mein al-
lerliebster Gott, wenn du es so wilt haben, daß diß die Stunde
sey, die du mir versehen hast, so geschehe dein gnädiger
Wille...Da er so auff den Rücken lage, hätte gerne geruhet, klagt
er, er wäre sehr matt, fühlete gar keine Krafft mehr..." Und Justus
Jonas fährt fort, nachdem auch der befreundete Arzt Augustin
Schurff eingetroffen war, den Luther hatte rufen lassen: „In dem
Kam auch Dr. Pomeranus, der Kirchen zu Wittemberg Pfarrherr,
welchem der Doktor frühe desselben Tages gebeichtet hatte...Da
sagt D. Augustinus, wir wollen weichen, ihn allein lassen, ob er
schwitzen und ruhen könnte. Also gaben wir ihm gute Nacht, und
gingen in Gottes Namen von ihm, hiessen die, so bey ihm
blieben, stille seyn..."

Auch wenn in dem Bericht von einer Ohnmacht die Rede ist, spricht alles dafür, daß Luther während seines Anfalls das Bewußtsein nicht verlor, da er, wenn er nicht zu den Umstehenden sprach, fortwährend laut betete. Außerdem war die Schwäche so groß, daß Dr. Schurff und seine Freunde ihn verließen, damit er ruhig schlafen konnte. Völlig erschöpft schlief Luther ein. Als er am Morgen erwachte, waren Schwindel und Übelkeit vorbei, aber die Ohrgeräusche, die auch sein Hörvermögen beeinträchtigten, bestanden nach eigener Äußerung unverändert fort.

Von dem etwas später hinzugekommenen Bugenhagen stammt folgende Aufzeichnung: „Denn er sagt, daß seine Schwachheit und Leiden erstlich bey dem lincken Ohr so hätte angefangen: Ihn hätte nicht anders gedaucht, denn als brause es ihm mit grosser Ungestüm für dem lincken Ohr und gantzem Backen wie rauschende Meereswellen, doch noch nicht inwendig des Häupts, sondern auswendig." Und Bugenhagen fuhr fort: „...denn dasselbe Sausen und Rauschen (wie eine starke Windsbraut hauset) das er zuvor allein für dem Ohre gefühlet, hätte ihm nu das lincke Ohr inwendig und den halben Theil des Häupts eingenommen... Da wir ihn des folgenden Morgens wieder besuchten, erfand sichs, daß der Artzt recht geurtheilet hatte, allein daß der Krancke den Sontag nach übrig zu Bette lag, und sagt: Er wäre des greulichen Brausens und Sausens im Häupte noch gar nicht loß. (Ganz typisch für einen Menièreschen Anfall – d. Verf.) Auff den Abend aber desselben Tags stund er auff, hielt das Abendmahl mit uns, aller Dinge, Christo sey Lob und Danck, wieder zu recht gebracht."

Daß neben den beschriebenen Symptomen auch Schwindel und Schwerhörigkeit vorgelegen haben, wissen wir von Luther selbst, auch wenn sie den Auszügen der Berichte von Jonas und Bugenhagen nicht direkt entnommen werden können. Später, am 31. Januar 1529, schreibt Luther an Eoban Hess in Breslau: „Ich...werde durch Schwindel und Ohrgeräusche beunruhigt...", und am 13. Februar 1529 an Nikolaus Hausmann: „Ich habe bis jetzt an Schwindel oder am Kopf gelitten..."

Abgesehen davon, daß Luther schon vor seinem ersten Menièreschen Anfall häufig über Schwindel geklagt hatte, wurde er noch deutlicher in seinen Berichten von der Veste Coburg, worauf wir zu sprechen kommen werden. Nach seinem großen Anfall am 6. Juli 1527 schreibt Luther am 10. Juli an Spalatin in Altenburg: „Auch wurde ich vorgestern von einer plötzlichen Synkope befallen, daß ich völlig verzweifelt glaubte, unter den Händen meiner Frau und meiner Freunde sterben zu müssen, so plötzlich nahm ich an Kräften ab. Aber der Herr erbarmte sich meiner und half, daß ich schnell wieder hergestellt wurde."

Und drei Tage später, also am 13. Juli, heißt es in einem Brief an Nikolaus Hausmann in Zwickau: „Ich habe eine schwere Synkope erlitten, so daß mein Kopf noch gezwungen ist, auszuruhen vom Lesen und Schreiben..."

Von diesem schweren Anfall sollte Luther sich nur allmählich erholen. Seine Korrespondenz war in diesem Jahr angefüllt mit Klagen über seinen schlechten Gesundheitszustand. Am 2. August gestand er Philipp Melanchthon: „Ich bin mehr als die ganze Woche so im Tod und in der Hölle hin und hergeworfen, daß ich jetzt noch am ganzen Körper mitgenommen bin und an allen Gliedern zittere." Mitte August erreichte den Kurfürsten die Mitteilung, daß Luther wegen „Leibesschwäche" die Visitationsschrift nicht durchlesen könne und Bugenhagen damit beauftragen lassen möchte. Noch am 19. August schreibt Luther an Spalatin in Augsburg: „Bete doch bitte für mich, daß auch ich nach dem Willen Gottes des Heilandes völlig gesund werde... Die Pest ist hier zwar aufgetreten, aber ihr Verlauf ist noch ziemlich günstig..." Viele Menschen hatten Wittenberg verlassen, so auch Justus Jonas, der den Verlust eines Sohnes durch die Pest zu beklagen hatte. Aber Luther schreibt: „Ich bleibe. Wegen jener ungeheuren Furcht unter dem gemeinen Mann ist es nötig. Und so sind Pomeranus und ich mit den Kaplänen allein hier..."

Die Pest war im Sommer 1527 zurückgekehrt nach Wittenberg. Luthers Haus verwandelte sich in ein Spital, er nahm Gäste bei sich auf und isolierte die Kranken von den noch nicht Befallenen. Auch Dr. Schurff fand mit seiner erkrankten Frau Aufnahme im Lutherhaus. Einen Monat später, im September, äußerten sich seine Freunde immer noch besorgt über Luthers Gesundheitszustand. Auch wenn sich dieser erste große Anfall zunächst nicht wiederholte, so war das nur eine Frage der Zeit.

Diese schwere Krankheit vom Juli 1527 hat in der Literatur für viel Diskussionsstoff gesorgt und ist unterschiedlich interpretiert und eingeordnet worden. Reiter sah in ihr den „Grossen Melancholieanfall 1527–1528" und stützt mit diesem Zustandsbild seine Diagnose von einer endogenen Psychose. „Der Anfall als Ganzes muss als eine charakteristische agitierte Melancholie aufgefasst werden." Man bekommt „den Eindruck, dass seine Krankheit ausgesprochen endogen bedingt war". Nach Grossmann war Luthers Anfall ein „hochfieberhafter Infekt" oder ein stenokardischer Anfall. Gaude sah vordergründig die Ursachen in kardialen Beschwerden, eine Meinung, die auch Halder vertreten hatte, die darin den Beginn von Luthers pektanginösen Störungen sah. (Pektanginöse Anfälle jedoch hatte Luther bereits vor seinem ersten Menièreschen Anfall, zuletzt im Januar 1527.) Schließlich wird auch von einer schweren Durchblutungsstörung ausgegangen, deren Ursachen man sich aber nicht erklären kann. Für Alberti lag Luther „mit einer hefftigen Schwachheit des Leibes und schwehren Geblüte um das Hertz" danieder, was lediglich den Zustand beschreibt. Heftige Synkopen werden gleichermaßen angeführt, aber damit ist so gut wie nichts gesagt. Eine Ohnmacht hatte Luther nicht, denn er verlor zu keiner Zeit das Bewußtsein. Luther selbst bezeichnete diesen schweren Anfall als Synkope, so allgemein wurde dieser Begriff damals verwendet. Für mich besteht kein Zweifel daran, daß Martin Luther eine Menièresche Krankheit hatte, die nach einigen Vorboten am 6. Juli 1527 als Vollbild klinisch in Erscheinung trat. Daß wir in der sehr ausführlichen und auf umfangreichen Quellenstudien beruhenden Monographie Küchenmeisters von 1881 darüber nichts finden, kann nicht wunder nehmen, da der Verfasser diese Krankheit mit Sicherheit noch nicht kannte.

Die Menièresche Krankheit erklärt viele, bisher unverständliche und fehlinterpretierte Verhaltensweisen des Reformators und kann daher der Lutherforschung aus medizinischer Sicht neue Impulse geben. Im Grunde erscheint Luthers Krankengeschichte mit dieser schweren und bislang nicht erkannten Krankheit in einem völlig neuen Licht.

Von Herzattacken, die fast tödlich waren, verbunden mit akuter

Atemnot, schrieb Luther am 4. November 1527. Drei Tage später klagte er noch immer über Atemnot, die seinen eigenen Aussagen zufolge einige Wochen andauerte. Bis zum Jahresende wütete die Pest in Wittenberg, wie Luthers Briefen zu entnehmen ist. Am 4. November schrieb er an Justus Jonas in Nordhausen: „Christus möge bewirken, daß diese Pest aufhört ... Innerhalb von zwei Tagen gab es an einem Tag gleich 12 Tote ... Siehst Du nur die Vermutung, lebe ich in meinem Hause inmitten der Pest ..." Im Dezember 1527 klang die Pest allmählich ab.

Daß Luther über seine schweren Krankheiten hinaus auch weiterhin seelischen Belastungen ausgesetzt blieb, können wir seinem Brief entnehmen, den er am 14. Dezember an Nikolaus Hausmann in Zwickau schrieb: „Die Pest ist bei uns ganz und gar erloschen ...", und er fährt fort: „Ich bin zwar von meiner Versuchung noch nicht frei; aber ich wünsche es auch nicht, sie loszuwerden, wenn es der Ehre meines Gottes und allerliebsten Heilandes dient, Amen. Dennoch höre nicht auf, für mich zu beten und zu kämpfen in diesem gar harten Kampf mit dem Satan, dem hochmächtigen Fürsten ..."

Im Hinblick auf Luthers Krankheiten war der Jahreswechsel 1527/1528 ein nahtloser Übergang, allerdings meldeten sich andere, ihm längst vertraute Krankheiten wieder zu Wort, deren Verlauf er aber als durchaus wohltuend empfand. Diesmal waren es die Hämorrhoiden, die sich schon im Januar 1528 zurückmeldeten, aber endlich flüssig wurden.

Schwächeanfälle und Kopfschmerzen sollten ihn gleich zu Beginn des Jahres plagen. Er nahm sie hin, die „Anfechtungen" des Satans, der Luther nicht mehr aus den Augen ließ. Ein Trost war das natürlich nicht für ihn, bestenfalls eine Erklärung, hatte er doch arg unter dem Teufel zu leiden. Allmählich aber besserte sich Luthers Befinden, wie es seinem am 28. Februar an Wenzeslaus Link gerichteten Brief zu entnehmen ist.

Anflüge von seiner Menièreschen Krankheit oder ausgeprägtere Zustände seines Roemheld-Syndroms scheinen 1528 nicht aufgetreten zu sein, wenn sich auch Schwindelanfälle und Schwächezustände noch weit in das Jahr hineinzogen oder wiederholten. 1528 war im Vergleich zum Vorjahr und im Hinblick auf Luthers

Zukunft leidlich, so daß er bis in das nächste Jahr hinein das Stadtpfarramt für Johannes Bugenhagen verwaltete, der in Braunschweig und in Hamburg weilte.

Ende Januar 1529 stellten sich seine alten „Hausgenossen" wieder ein, und am 31. Januar schrieb Luther an Eoban Hess einen Brief, den ich bereits im Zusammenhang mit seinem ersten Menièreschen Anfall erwähnt habe: „Ich leide schon länger als acht Tage am Kopfe und werde durch Schwindel und Ohrgeräusche beunruhigt; ich weiß nicht, ist es Abspannung oder eine Anfechtung des Satans." Sicher war es weder das eine noch das andere, denn unverkennbar waren es Anzeichen eines erneuten Menièreschen Anfalls, und 13 Tage später litt Luther immer noch „an Schwindel oder am Kopf". Auch wenn ihn diese Zustände oft am Schreiben hinderten und ihn zwangen, für einige Wochen seine Predigten und Vorlesungen einzustellen und seine ansonsten rege Korrespondenz stark einzuschränken, scheint eine Wiederholung des Anfalls von 1527 nicht eingetreten zu sein, und seine Krankheiten verliefen insgesamt blande.

Was ihn zusätzlich quälte, war ein fast tödlicher Katarrh, offenbar ein fieberhafter grippaler Infekt, der ihn im April befiel und der mit solcher Heiserkeit einherging, daß Luther um die Wiederkehr seiner Stimme besorgt war. Dieser Infekt zog sich bis in den Mai hinein, scheint damals aber allgemein gewesen zu sein, so daß Küchenmeister eine Grippeepidemie vermutete, die Ebstein allerdings für eine Fehlinterpretation hielt.

In vielen Briefen, die Luther 1529 schrieb, klagte er über Schwindelerscheinungen und Kopfbeschwerden, und nur unter Aufbietung äußerster Disziplin gelang es ihm, seinen Verpflichtungen nachzukommen.

Seit 1529 ist unverkennbar, daß Infekte mit Heiserkeit und Mittelohrentzündungen bei Luther zunehmen. Die Schmerzen im Bereich des Mittelohrs, die sich in den Folgejahren häufen sollten und ebenfalls von zeitweiliger Schwerhörigkeit begleitet waren, müssen natürlich abgegrenzt werden von seiner Menièreschen Krankheit und seinen damit in Zusammenhang stehenden Ohrgeräuschen. Luthers Ohrgeräusche und Schwerhörigkeit sind häufig auf seine Infekte der oberen Luftwege zurückgeführt

worden, weil man nach einer Erklärung suchte, an eine Menièresche Krankheit jedoch nicht dachte.

Am 27. August 1529 berichtete Luther in einem Brief an Nikolaus Hausmann in Zwickau über den zu dieser Zeit zum ersten
Male in Deutschland herrschenden „Englischen Schweiss", der
besonders in Zwickau und Zerbst grassierte: „Pestis illa Anglica
dicitur apud vos et in Zerbst grassari." (Man sagt, daß jener englische Schweiß bei euch und in Zerbst wütet, d. Verf.) Bei dieser
ebenso wie die Pest gefürchteten Seuche handelte es sich wahrscheinlich um eine ansteckende, rasch zum Tode führende, hoch
fieberhafte Grippeform, die 1486, 1507, 1518, 1529 und 1551 in
England auftrat und auch auf Nordeuropa übergriff. Luther
erschrickt auch vor dieser Seuche nicht. Wenn sie offenbar auch
Wittenberg verschonte, so sollte er Anfang Oktober schon mit ihr
Bekanntschaft machen.

Vom 1. bis 4. Oktober 1529 weilte Luther zum Religionsgespräch mit den Schweizern in Marburg, das Landgraf Philipp
von Hessen angeregt hatte. Luther war gesundheitlich immer noch
nicht auf der Höhe und zeigte sich von vornherein desinteressiert
an dieser Begegnung. Er mußte regelrecht von seinem Landesherrn zur Teilnahme gedrängt werden. Erschöpft und krank, wie
er nach Marburg reiste, kehrte er auch nach Wittenberg zurück.
Während die Schweizer offen und gesprächsbereit in Marburg ein-
trafen, wirkte Luther „düster, schon physisch krank, verstört".

Luthers ablehnende und dogmatische Haltung im Verlauf der
Gespräche hatte natürlich nicht nur medizinische, sondern vor
allem theologische und auch rein menschliche Gründe: die
Schweizer waren ihm einfach unsympathisch. Bei diesen insgesamt negativen Voraussetzungen nimmt es nicht wunder, daß das
dreitägige Religionsgespräch in Marburg scheiterte, ein für die
junge evangelische Kirche mit ihren unterschiedlichen Richtungen
folgenschwerer Ausgang, auf dessen Ursachen und Wirkungen ich
später zurückkomme.

Luther hatte aus den schon genannten Gründen die Einladung
nach Marburg zunächst rundweg abgelehnt. Er fühlte sich krank
und geschwächt, und da er ohnehin keinerlei Konzessionen einzu-
gehen gedachte, scheute er auch die körperlichen Strapazen der

Reise. Am 4. Oktober hatte Luther aus Marburg „Meinem freundlichen lieben Herrn, Katharina Lutherin, Doctorin, Predigerin zu Wittenberg" einen Brief geschrieben und seiner Frau unter anderem mitgeteilt: „Aber wir wollen des Brüdern und Glieders nicht, friedlich und Guts wollen wir wohl." Nicht einmal als Brüder wollte Luther Zwingli und die Seinen anerkennen. Er verlangte sich in den Marburger Tagen das Letzte ab, und in der Euphorie seiner vermeintlichen Überlegenheit und seines Sieges über Zwingli wuchsen ihm in diesen Stunden Kräfte zu, die sich nach Abschluß der Gespräche bald ins Gegenteil verkehren sollten. Jedenfalls konnte er seiner Frau noch aus Marburg schreiben: „Wir seind noch alle frisch und gesund und leben wie die Fürsten."

Da unterdessen auch in Marburg der „Englische Schweiss" grassierte, mußten die Religionsgespräche zügig zum Abschluß gebracht werden. Furchtlos solchen Krankheiten gegenüber wie immer, teilte Luther Katharina mit: „Sie seind hier toll worden mit Schweißschrecken, gestern haben sich bei funfzig geleget, deren seind eins oder zwei gestorben." Noch auf der Rückreise schrieb Luther am 12. Oktober aus Jena an Johannes Agricola: „Am Ende baten sie (die Schweizer, d. Verf.), daß wir sie wenigstens als Brüder anerkennen sollten...Aber ich konnte es ihnen nicht zugestehen..." Marburg endete mit einem Fiasko für die reformatorische Bewegung. Sieger, auch wenn Luther glaubte, daß er es sei, konnte es überhaupt nicht geben, sondern nur einen Verlierer: und der war die gerade aus der Taufe gehobene evangelische Kirche. Wir müssen im nächsten Kapitel untersuchen, welchen Stellenwert Luthers Krankheiten am Ausgang dieses gescheiterten Religionsgesprächs von Marburg zu dieser Zeit schon haben konnten.

Als das Jahr 1529 sich seinem Ende zuneigte, war Martin Luther 46 Jahre alt, ein von vielen und schweren Krankheiten heimgesuchter Mann, der darüber hinaus unter Versuchungen und Anfechtungen litt, die sich nicht selten bis zu einem psychogenen Anfall steigerten.

Luther hatte wahrlich viel bewegt, dennoch war nach seiner Einschätzung alles bei weitem nicht so gelaufen, wie er es wünschte. Immer wieder befiel ihn, den Unerschrockenen, Resignation, wozu objektiv nicht der geringste Grund bestand, zumindest, was sein Werk betraf. Seiner Gemeinde in Wittenberg hatte er bereits 1528 in groben Worten vorgehalten, daß es ihm leid tue, die Reformation überhaupt in Gang gebracht zu haben, und diese Haltung sollte sich in den kommenden Jahren immer mehr auswachsen. So überraschte er seine Wittenberger am 1. Januar 1530 mit der Ankündigung eines Predigtstreiks und schleuderte ihnen in zornigen Worten von der Kanzel entgegen, lieber tollen Hunden predigen zu wollen.

Luthers Äußerungen über seine Mitmenschen waren ab 1530 in zunehmendem Maße von Enttäuschung und Verbitterung gekennzeichnet, nichts als ein Ausdruck seiner physischen und psychischen Erschöpfungserscheinungen, denn von einem Mißerfolg seiner Reformation konnte nicht im mindesten die Rede sein, im Gegenteil – sie hatte sich nach gut zehn Jahren wie ein

Huldrich Zwingli.
Gemälde von Hans
Asper, 1549

MARTINVS BVCCER

BVCCER·HAT·VIEL·GUTEN·VN·GLERT
ENGELANT·HAT·ER·AVCH·BEKERT
DAR·IST·BEGRABE·NACH·SEIM·ENDT
AVCH·WIDR·AVSGRABEN·VN·VERBRENT
ABER·DIE·KÖNGIN·LOBESAN·
HAT·DIE·ASCH·EHRLICH·BSTATTEN·LAN

Martin Bucer.
Kupferstich (?) von
Balthasar Jenichen

Flächenbrand ausgebreitet. Dennoch hatte Luther die schwerste Strecke seiner somatischen Erkrankungen um diese Zeit noch vor sich, und das Jahr 1530 sollte schlimm genug für ihn verlaufen. Schon sein Anfang begann schlecht für Luther, der am 6. Januar ausführlich an Justus Jonas schrieb, daß er wieder schwer an seinen Hämorrhoiden leide: „Meine Krankheit war eine solche, dass mit dem Stuhlgang zugleich eine angeschwollene Lippe des Afters im Umfange fast von der Grösse einer Wallnuss hervortrat. Darauff sass eine kleine juckende Erhabenheit (scabies minutula) von der Grösse eines kleinen Hanfkorns. Dieselbe machte um so mehr Beschwerden, je weicher der Stuhl war. Ging geronnenes Blut ab, so befand ich mich um so wohler und um so angenehmer, ja mit Vergnügen verbunden, war der Akt der Stuhlentleerung. Je mehr Blutgerinnsel abgingen, um so mehr Vergnügen hatte ich, so dass diese angenehme Empfindung mich mehrmals täglich veranlasste, zu Stuhle zu gehen. Drückte ich mit dem Finger, so juckte dies äusserst angenehm und floss Blut. Deshalb durfte nach meiner Ansicht dieser Blutstuhl durchaus nicht gestillt oder vermindert werden. Man nennt dies die güldene Ader (vena aurea) und ist sie in der Tat gülden. Denn man sagt, dass mit diesem Cruor, was im ganzen Körper krank ist, herausfliesse, gleichsam als ob dies wäre die porta sterquilinii (Misthaufen) für alle Uebel und dass solche Leute sehr lange leben, als ob an diesem Orte die ganze Apotheke und alle Doctores medicinae sich eingeschlossen befänden. Die Absonderung aber findet von freien Stücken statt zu seiner Zeit und ohne unsere Sorge."

Von seinen hämorrhoidalen Beschwerden erholte sich Luther bald, im übrigen brachten sie ihm eine willkommene Erleichterung, wie er es ja geradezu beglückt in epischer Breite an Justus Jonas geschrieben hatte. Zugleich läßt dieser Brief Rückschlüsse darauf zu, wie sehr er darunter litt. Weitere Erkrankungen sind aus dieser Zeit nicht bekannt geworden.

Dann aber wandelte sich das Bild, als Luther während des Reichstags zu Augsburg mit der Veste Coburg vorliebnehmen mußte, wo er sich vom 24. April bis zum 5. Oktober aufhielt. Hatte er die Wartburg noch freundlich als sein „Reich der Vögel" bezeichnet, so zermürbte ihn auf der Coburg das unentwegte

Gekrächze der Dohlen und Raben, die hier zu Luthers Pein einen ständigen Reichstag zu halten schienen. Aus dem am 24. April an Melanchthon gerichteten Brief wird ersichtlich, daß Luther aus Sicherheitsgründen nachts die Veste betrat und ihn das „Gekecke" der Dohlen ab 4 Uhr morgens schon zermürbte, bevor er überhaupt eine Nacht dort geschlafen hatte.

Sein Sausen und Brausen im Kopf und seine Schwindelanfälle hatten sich wieder eingestellt, und das unablässige Gekreische dieser Riesenvögel machte Luther psychisch arg zu schaffen. Auch litt er wie auf der Wartburg unter der Einsamkeit und „Schutzhaft" auf der Veste Coburg mit ihrem „colossalen Wohngebäude, ihren in Summa 30 Köpfen Einwohnerschaft, unter der sich 20 Nachtwächter und 2 die verschiedenen Thürme ablaufende Ausspäher befanden". Zwei Tage nach seiner Ankunft beschrieb Luther seine ersten Eindrücke in einem Brief an seine „Tischgesellen" in Wittenberg: „… füge ich euch zu wissen, daß wir, nämlich ich, Magister Veit und Cyriacus, nicht auf den Reichstag gen Augsburg ziehen; wir sind aber sonst wohl auf einen andern Reichstag kommen. Es ist ein Rubet (Gesträuch, d. Verf.) gleich für userm Fenster hinunter wie ein kleiner Wald, da haben die Dohlen und Krähen einen Reichstag hingelegt, da ist ein solch Zu = und Abreiten, ein solch Geschrei Tag und Nacht ohne Aufhören, als wären sie alle trunken, voll und toll; da keckt Jung und Alt durch einander, daß mich wundert, wie Stimm und Odem so lang währen möge. Und möcht gerne wissen, ob auch solches Adels und reisigen Zeugs auch etliche noch bei euch wären; mich dünkt, sie seien aus aller Welt hieher versammlet."

Der „Reichstag der Dohlen und Krähen" erregte Luthers ganze Aufmerksamkeit schon in den ersten Tagen. Schlimme Monate sollten ihm bevorstehen. Offenbar litt Luther im April an einem Ulcus cruris, das ihm seit 1525 gelegentlich zu schaffen machte. Sein „offenes Bein" hatte ihm schon Beschwerden bereitet, als er gemeinsam mit Melanchthon, Jonas und Spalatin nach Augsburg reiste. Am 29. April heißt es in einem Brief an Melanchthon: „Meine Tibia (Schienbein) will noch nicht heilen. Ich fürchte, es entsteht eine Art Fluss (fluxus), den ich nicht gern unterdrücken möchte…"

Veit Dietrich.
Kupferstich (?) von
Balthasar Jenichen,
2. Hälfte des
16. Jahrhunderts

Luther erbittet sich Medikamente für sein Ulcus cruris sowie zur „Häupt- und Hertz-Stärckung" bei Kaspar Lindemann aus Augsburg, eine Sendung, die sein Kurfürst für ihn in die Wege leitete. Kaspar Lindemann war übrigens ein Neffe seiner Mutter und damit Luthers Cousin. 1532 kam er als Ordinarius nach Wittenberg und gehörte zum Kreis des Reformators. Sein „offenes Bein" sollte Luther durch die Jahre hindurch begleiten und 1532 nach zwischenzeitlicher Abheilung erneut aufbrechen.

Auch sein Kurfürst war sehr besorgt um die Gesundheit Luthers und schrieb ihm im Mai folgenden Brief: „Lieber Er Doctor! Nehmpt allda verlieb, laßt euch die Weil nicht lang sein. Wegen Gesundheit Euers Leibes sind wir alle hochbekümmert, bitten Gott, er wolle Euch lang erhalten umb seines lieben Worts willen; ja Euch selbst ermahnen wir, wollet Euer Gesundheit ja wohl pflegen. D. Caspar (Lindemann), unser Arzt, schickt Euch Arznei bei diesem Boten, das Haupt und Herz damit zu stärken, denn er ist Euer treuer Freund, und wir auch bleiben Euch zu allen Gnaden wohl geneigt..."

Im Mai geht es Luther durch Ohrgeräusche und Schwindelattacken ausgesprochen schlecht. Vermutlich hatte seine Menièresche Krankheit sich zurückgemeldet, denn am 12. schrieb Luther an Melanchthon: „Mein Kopf fängt an mit Klingen, ja selbst mit Donner sich zu füllen; und hätte ich nicht schleunigst (zu arbeiten) aufgehört, so würde ich in eine Ohnmacht (Syncope) gefallen sein; ich konnte keinen Buchstaben ansehen, noch wollte ich es... Daher liege ich hier ganz müssig und friere. Allmälig aber lagert sich jener Tumult des Kopfes, unterstützt durch Medicamente und für ihn passende Hilfsmittel..."

Wieder haben wir ein ähnliches Bild vor uns wie am 6. Juli 1527 in Wittenberg, nur daß es diesmal keine Aufzeichnungen außer den Briefen Luthers gibt. Noch Tage, ja Wochen nach jenem Anfall war Luther geschwächt und klagte über heftiges Sausen im Kopf, das ihn am Arbeiten hinderte, wie er es am 5. Juni an Wenzeslaus Link in Nürnberg schrieb: „Ich litt an Sausen im Kopfe vor Eurer Ankunft, aber jetzt befinde ich mich Gott sei Dank wohler; nur muss ich mässig arbeiten, stark ausruhen und speculiren (beobachten). Ich war nur ziemlich traurig beim Schreiben, durch die Nachricht vom Tode meines Vaters...", der am 29. Mai 1530 gestorben war. Nach Veit Dietrich ging Luther, nachdem ihn die Todesnachricht erreichte, mit dem Psalter in seine Kammer, um zu beten und sich auszuweinen.

Am 19. Juni teilte Luther Conrad Cordatus in Zwickau mit, daß er „trotz des mehrwöchentlichen Ohrensausens den Jeremias ins Deutsche übersetzen" konnte. Am selben Tage schrieb er an Gabriel Zwilling in Torgau: „Wir leben hier wohl und zwar sehr splendid; es sei denn, dass ich seit etwa einem Monat an Donnern im Kopf, nicht Klingen, ohne meine Schuld, woran vielleicht der Wein die Ursache ist, wenn nicht Satan mich so närret, leide." Sein Sausen und Brausen im Kopf, die Geräuschphänomene, haben sich noch immer nicht gelegt, aber über Schwindelanfälle klagt Luther jetzt nicht mehr.

Allmählich scheint sich Luthers Gesundheit stabilisiert zu haben, so daß er am 29. Juni an Melanchthon schreiben konnte: „Ich lebe hier bequem genug, denn es scheint jener böse Geist mich zu verlassen, der mich bisher gepeinigt hat, obgleich ich fürchte, dass er nur von einem anderen sich hat ablösen lassen, der meinen Körper ermattet. Doch will ich lieber diesen Würger des Fleisches, als jenen Henker des Geistes ertragen ... Wohlan frisst er mich, so soll er, ob Gott will, eine Purgation fressen, die ihm Bauch und Ars zu enge machen soll ..."

Leider sollte Luther recht bekommen. Die Nachwehen seines Menièreschen Anfalls klangen ganz allmählich ab, dafür stellte sich prompt der „Würger des Fleisches" ein, denn aus einem Brief vom 4. Juli, den Veit Dietrich an Johannes Agricola schrieb, wissen wir, daß sich Luthers Magenleiden zurückgemeldet hatte, das von seinen Freunden und Bekannten bereits für überwunden gehalten worden war. Dennoch ging es Luther ganz allmählich besser, so daß er am 31. Juli an Melanchthon schreiben konnte: „Sorge Dich nicht um meine Gesundheit; sie ist zwar unsicher; aber weil ich fühle, dass es keine natürliche Krankheit ist, ertrage ich es muthiger und verachte die satanischen Faustschläge auf mein Fleisch. Kann ich nicht lesen, noch schreiben, kann ich doch denken, beten und so auch ihn ärgern; endlich schlafen, müssig sein, scherzen und singen. Aengstige (Dich) also nicht zu sehr."

Es ist müßig, in Tagebuchstil fortzufahren und Luthers tägliches Befinden wiederzugeben. Fest steht, daß Luther während des gesamten Coburg-Aufenthaltes schwer zu leiden hatte. Sein Menièrescher Anfall, seine mehr oder weniger fortbestehende Kopfsymptomatik waren für ihn ein Werk des Satans, der ihn unentwegt anfocht und heimsuchte. Daran glaubte Luther fest. Später sagte er in einer Tischrede, sein Befinden auf der Veste Coburg zusammenfassend: „Da ich anno 1530 in Coburg war, plagte mich das Sausen und Klingen in den Ohren also, dass mir gleichsam ein Wind aus dem Kopfe ging, blies und sauste, wie ein Hauptfluss." Die Menièresche Krankheit, die links begonnen hatte, trat mittlerweile vermutlich beidseits auf.

Am 3. August schrieb Luther an Melanchthon: „Mein Kopf ist eigensinnig, wie ihr sagt, aber für mich ist er der eigensinnigste, weil mich so der Satan zwingt, wider meinen Willen zu feiern und die Zeit zu verlieren." Einen Tag später „glaubte er", wie er an Melanchthon schrieb, „in dem tags zuvor unter schlimmen Kopfschmerzen geschriebenen Briefe nicht klar und ausführlich genug geantwortet zu haben". Am 14. August schreibt Luther seiner Frau: „Ich bin seit Lorenzentag fast gesund gewesen, und kein Sausen im Kopfe gefühlet; das hat mich fein lustig gemacht zu schreiben, denn bisher hat mich das Sausen wohl zuplaget ..."

In diesem Wechsel geht es weiter. Während sich Mitte August Besserung einstellte, klagte Luther am 28. des Monats bereits wieder über ein Sausen im Kopf. Daß Luther, wie auf der Wartburg, auch hier an Obstipationen litt, kann einem Brief an Katharina vom 15. August entnommen werden, in dem er ihr mitteilt: „Wir essen hie reiffe wein drauben ...", die seine Verdauung günstig beeinflußten, aber gleichermaßen eine Mitursache für seine Sommerdiarrhoe gewesen sein können.

Am 20. August schreibt Luther an Eoban Hess in Nürnberg, daß er unter Zahnschmerzen leide, einen Tag später klagt er in einem Brief an Melanchthon über Schmerzen im Hals, die nach seinem Brief vom 24. August, ebenfalls an Melanchthon, anscheinend zugenommen haben. Bei allem war Luther auch auf der Veste Coburg in Zeiten relativen Wohlbefindens schöpferisch und produktiv. Am 8. September schreibt er seiner Frau: „Wer Dir gesagt hat, dass ich krank sei, wundert mich fast (sehr) und Du siehest ja die Bücher vor Augen, die ich schreibe ..."

Der am 23. September an Cordatus gerichtete Brief kann als eine Art Abschlußbericht seiner Coburgzeit betrachtet werden, wenn Luther schreibt: „Fast diese ganze Zeit, dass ich hier in Coburg bin, habe ich fast die Hälfte in mir sehr widerwärtiger Musse verloren. Mich drückte mein Kopf ziemlich heftig und hartnäckig und beunruhigte mich Klingen oder vielmehr Dröhnen, einer Windmühle gleich. Mein Cordatus, wenn das nicht der Fall gewesen wäre, so hätte ich beinahe Alles vollenden können, was ich in meiner übrigen Lebenslaufbahn zu vollenden wünschte. Jetzt bin ich nun genöthigt, die kleinen Commentarchen stückweise herauszugeben, um nicht müssig zu sein. Aber schon lässt das Brummen nach und fängt an mir eine freie Zwischenzeit zu lassen."

Der Inhalt deckt sich gut mit Luthers Brief vom 2. Oktober, den er an Hans Honold in Augsburg richtete: „Und ist je wahr, dass ich diesen Sommer mehr denn der Hälft hab mussen feiren dem Sausen und Rauschen im Häupt."

Hier auf der Veste Coburg besuchte ihn auch Dr. Auerbach, der sich Luther schon aus den Tagen der Leipziger Disputation von 1519 eng verbunden fühlte und der den Reformator bereits im April 1523 in Wittenberg aufgesucht hatte. Dr. Auerbach, eigentlich Professor Dr. med. Stromer von Auerbach, war Dekan der Medizinischen Fakultät, auch Ratsherr in Leipzig und zugleich Leibarzt mehrerer Kurfürsten. Bekannt wurde er vor allem durch den später weltberühmt gewordenen „Auerbachs Hof" in Leipzig, den er erbaute. Auerbach kam vom Augsburger Reichstag aus zu dem kranken Luther. Im Oktober 1530 erlöste ihn sein Kurfürst, der am 1. abends in Coburg eintraf und bis zum 4. dort verblieb. Dann ging es über Gotha, Altenburg und Torgau zurück nach Wittenberg, wo Luther am 17. Oktober eintraf.

So ging das Jahr 1530 zu Ende, wie es spätestens im April begonnen hatte. Noch im November, also nach seiner „Festungszeit", klagt Luther über Kopfschmerzen und Ohrensausen und schreibt am 13. an Veit Dietrich: „Mein Kopf summt noch; manchmal ziemlich heftig, besonders in den Morgenstunden." Die Nachwehen von Coburg zogen sich bis in das erste Viertel des neuen Jahres hinein.

Coburg war eine schlimme Zeit für ihn gewesen. Körperlich geplagt durch sein Menièresches Anfallsleiden, durch Obstipationen und Magenbeschwerden, auch durch sein Ulcus cruris und niedergedrückt durch den Verlauf des Reichstags in Augsburg, den er von seinem „Reichstag der Dohlen" aus der Ferne mitverfolgte, war Luther in dieser Zeit sichtlich gealtert, fühlte sich seinem Lebensende nahe und war oft des Lebens überdrüssig.

Wieder in Wittenberg

In dem Brief an Veit Dietrich hören wir zum ersten Mal von Luther, daß es ihm besonders in den Morgenstunden schlecht ging. Darüber klagte er in den nächsten Jahren häufiger. Im Januar 1531 hatten ihn die Kopfschmerzen noch immer nicht verlassen, und so schrieb er am 15. dieses Monats an Wenzeslaus Link, daß er seines Kopfes wegen „sparsam" arbeiten und „nothgedrungen, dem Kopfe seine Sabbathe gewähren" müsse, um in seinem am 12. März an Amsdorf gerichteten Brief zu schildern: „Ich nehme sehr an Kräften ab, besonders im Haupt. Das hindert mich im Schreiben, Lesen und vielen Sprechen, und lebe ich, wie ein Kranker."

Im Vordergrund seiner Beschwerden standen 1531 unzweifelhaft diese Kopfschmerzen, die seine ständigen Begleiter waren. Auch sie sieht Luther als Satanswerk und schreibt am 26. Juni an Link: „Mich peinigt der Satan mit verschiedenen Faustschlägen, so dass er meine körperliche Gesundheit unsicher macht und mich seine Nichtswürdigkeit behindert, obgleich es sehr viel zu schreiben und zu schaffen gäbe, dass ich nur sehr wenig thue und schreibe. Das wird mich wohl in Kurzem noch tödten."

Zusätzliche emotionale Bewegungen, die ihn niederdrückten, durch Todesfälle von ihm nahestehenden Personen sowie mancherlei Erregungen, die Luther aufgrund seiner abnehmenden psychischen Widerstandskraft immer häufiger befielen, veranlaßten Küchenmeister zu der Einschätzung: „Wir haben das vollständige Bild eines nervös gewordenen und dennoch immerfort schaffenden Mannes vor uns..."

Bis auf die erwähnten Malaisen konnte Luther aber, denken wir an das Vorjahr, mit 1531 zufrieden sein, war entsprechend rege, geistig produktiv und predigte auffallend häufig außerhalb von Wittenberg. Der Satan schien Luther kurzzeitig aus seinem Blickfeld verloren zu haben, denn von Ohrgeräuschen und Schwindelattacken blieb Luther 1531 verschont.

Aber eine längere Pause sollte ihm nicht beschieden sein. Schon im Januar 1532 hatte Luther die Vorahnung von einer kommenden Krankheit, von der wir in einer Tischrede hören: „Am 22. Januar befiel ihn eine heftige Krankheit, so daß er den ganzen Tag liegen mußte. Frühmorgens, etwa gegen 4 Uhr, plagte ihn ein heftiges Ohrensausen, dem eine merkwürdige Herzschwäche folgte... Es war auch ein Arzt anwesend, der, nachdem er den Urin gesehen hatte, meinte, er (Luther, d. Verf.) sei nicht weit entfernt von einem Schlaganfall, und er werde kaum durchkommen." Von diesem Zustand erholte sich Luther zwar rasch, wurde aber im nächsten Monat in Torgau von solchen morgendlichen Schwächeanfällen heimgesucht, daß er abermals mit Todesgedanken umging, wie er es an Veit Dietrich schrieb. Interessant und aufschlußreich, womöglich auch im Hinblick auf die Diagnose, ist Luthers Brief vom 27. Februar an seine Frau, in dem er ihr mitteilt, daß er nachts über sechs bis sieben Stunden ohne Störung gut schlafe und weitere zwei bis drei Stunden noch danach.

Mit Sicherheit erlitt Luther am 22. Januar keinen Schlaganfall. Sein Ohrensausen und seine plötzliche Schwäche weisen vielmehr auf sein Menièresches Anfallsleiden hin, zumindest auf einige Symptome des Syndroms. Luthers guter Schlaf konnte auch die Folge der Erschöpfung durch seine Kopfsymptomatik sein, denn es ist bekannt, daß ein Patient nach einem Menièreschen Anfall völlig entkräftet ein- und durchschläft. Andererseits möchte ich diesen Zustand nicht fehl- oder überinterpretieren, da er auch Ausdruck eines ganz gesunden Schlafs sein konnte in Folge angespannter Tagesarbeit.

Ende März – Luther ist immer noch krank und schreibt seinem Kurfürsten, „...dass ich weder lesen, noch schreiben kann" – äußerte er bei Tisch: „Ich bin so kranckh! Aber mir glaubt niemant, bis ich einmal die genge gehe mit den anderen." Diese Äußerung Luthers stimmt nachdenklich, weil sie auch hypochondrische Züge verrät.

Fraglos machten ihm die morgendlichen Schwindelanfälle, die sich ab Februar wieder eingestellt hatten, sowie seine Kopfschmerzen und die körperlichen Schwächezustände schwer zu schaffen und belasteten ihn psychisch stark, das heißt, Luther war tatsächlich krank. Wenn er sagte: „Aber mir glaubt niemant", dann legt das natürlich den Verdacht auf eine Übertreibung seiner Krankheiten nahe, denn warum sollte man ihm eigentlich nicht glauben? Nach meiner Beurteilung irrte Luther hier, denn seine engere Umgebung wußte wohl, wie sehr er litt, und viele Briefe über ihn sind von der Sorge um seinen schlechten Gesundheitszustand getragen. Wie häufig wurde die Befürchtung geäußert, daß man um Luthers Leben bangen müsse. Zwei Jahre früher schon hatte Luther selbst an Melanchthon geschrieben, der in Sorge um die Gesundheit seines Freundes lebte: „Aengstige (Dich) also nicht zu sehr." Fraglos wurden Luthers Krankheiten ernst genommen, aber vielleicht erwartete er eben ganz einfach zu viel von seinen Mitmenschen, die nachweislich auch nicht vor Gesundheit strotzten, besonders Justus Jonas und Philipp Melanchthon nicht.

Briefe vom 2. April und 13. Juni an Amsdorf legen immer noch von seinen Kopfbeschwerden Zeugnis ab; im Grunde verlassen ihn die Kopfschmerzen das ganze Jahr über nicht mehr. Auch meldete sich um diese Zeit sein Ulcus cruris am linken Bein zurück, wobei er aber seine schnelle Abheilung auch diesmal befürchtete, da ihm das „offene Bein" die Kopfbeschwerden erträglicher machte. Luther selbst schrieb darüber: „Unsere Aerzte meinen, wo ich den Fluss im Bein, so bisher offen war, erhalten könnte, worauf sie hinwirken, so könne es dem Kopf Lösung (Erleichterung, d. Verf.) bringen." Nach drei Monaten war alles abgeheilt, und prompt meldeten sich sein Schwindel und das Ohrensausen unvermindert stark zurück. Das zeitliche Zusammenfallen war aber wohl rein zufällig, wobei Luther um diese Zeit vermutlich längst auch einen Hypertonus hatte.

Jedenfalls litt er so arg an seinem Schwindel, der ihn auch nachts nicht mehr zur Ruhe kommen ließ, daß er ihn gern gegen eine Krätze vertauscht hätte und noch oben drauf zahlen wollte. Johannes Aurifaber hat uns „Von Doctor Martin Luthers Schwindel/ oder Heubtwehe" folgende Tischrede hinterlassen: „Es klagete einer einmal gegen D. Luthern/ Das jn die Scabies (Krätze), die Reude oder Kretze/ also vbel plagete / das er weder Tag noch nacht dafuer ruhe noch friede hette/ Da antwortet D. L. Koendte ichs thun/ so wolt ich mit euch beuten (tauschen)/ das jr nemet meinen Schwindel/ so ich im Kopff hab/ vnd ich behielt ewern Kratz/ Ich wolte euch noch X. guelden (10 Gulden) zugeben/ Jr wisset nicht/ wie der Schwindel/ das brausen vnd sausen im Kopff/ so ein beschwerlich ding sey/ ich darff jtzt keinen gantzen Brieff on auffhoeren auslesen So kan ich auch nicht zween oder drey zeil im Psalter lesen/..."

Luthers Kopfbeschwerden und sein Unwohlsein konnten auch mit seiner Stuhlträgheit zusammenhängen, denn er empfand die Behandlung mit Butter als mildem Abführmittel als äußerst angenehm und wirkungsvoll, wenn er zum Beispiel sagte: „Mir hilft nichts mehr gegen den Schwindel, als früh am Morgen ein klein Klümpchen Butter, etwa 6 Löffelchen voll. Denn Butter ist ein gesund Ding und ich halte dafür, dass die Sachsen darum so starke Leute sind, weil sie häufig Butter essen. Wir aber verachten gewöhnlich solch gemeine Mittel wie Butter (im Sinne von Volks- oder Hausmitteln, d. Verf.)..."

Im Grunde ging es Martin Luther gleichbleibend schlecht. Sein Schwindel hatte schließlich solche Konsequenzen, daß er im Winter 1532/1533 sechs Monate nicht mehr öffentlich, sondern nur noch zu Hause predigen konnte. Am 23. März 1533 schreibt Veit Dietrich an Justus Menius: „Heute erschien er zum ersten male öffentlich, hat jedoch einen ganzen Monat und noch länger, seitdem er am Kopfe litt, nicht öffentlich gesprochen..." Wenn auch vorübergehend Besserung eingetreten zu sein scheint, so wird am 21. Juli bereits wieder über Schwindel berichtet. Am 1. Mai erlitt Luther nach einer längeren Pause eine Synkope.

Ab 1533 hören wir erstmals nach sechs Jahren von einer neuen Krankheit bei Luther, über die er sich bei Tisch so äußerte: „Ich habe appeliert in meinem Zehen whe zu Gott und gebeten, er sol mir frantzoß oder pestilentz dafür schicken, quae sunt ad mortem infirmitates (die tödliche Krankheiten sind, d. Verf.)." Vieles spricht dafür, daß Luther im Herbst dieses Jahres seinen ersten Gichtanfall erlitt. Wir wissen auch, daß hauptsächlich sein linker Fuß betroffen war. Weiterhin wissen wir, vorwiegend aus den Tischreden, daß sich die Gichtanfälle im Sommer 1538 wiederholten, wahrscheinlich auch am 26. Februar 1540. Was die Gicht betrifft, so bereitet ihre Einordnung insofern Schwierigkeiten, als die Begriffe Gicht, Rheumatismus und Arthritis noch lange nicht so scharf getrennt werden konnten wie heute.

Daß Luther in die Reihe der berühmten Gichtiker gehört, daran besteht jedoch kein Zweifel. In allen medizinhistorischen Betrachtungen über die Gicht ist Luther anzutreffen, übrigens, wenn der Ausdruck gestattet ist, immer in guter Gesellschaft, denn unter seinen Zeitgenossen litten auch Kaiser Karl V., dessen ältester Sohn Philipp II., der englische König Heinrich VIII., Erasmus von Rotterdam und Willibald Pirckheimer an der Gicht, in späteren Jahrhunderten Persönlichkeiten wie Wallenstein, der Große Kurfürst, Leibniz, der „Soldatenkönig", Friedrich der Große und auch Immanuel Kant, um nur die bekanntesten zu nennen. „Dummköpfe hat die Gicht niemals getroffen", wie es der englische Barockarzt und Erstbeschreiber dieser Krankheit, Thomas Sydenham, der selbst schwer gichtkrank war, formulierte.

Im Reformationszeitalter sah man in der Gicht eine gerechte Strafe des Himmels für alle Schlemmer und Genießer. Diese Betrachtungsweise entsprach den Wunschvorstellungen der Besitzlosen und Entrechteten, die in dieser Krankheit die schon auf Erden einsetzende Gerechtigkeit Gottes sehen wollten, denn die Gicht war niemals eine Krankheit der niederen Stände, die in naßkalten Wohnungen mit einem Gelenkrheumatismus vorliebnehmen mußten. Die Schmerzen bei einem Gichtanfall müssen grauenhaft sein. In ihrer Qualität werden sie mit einem Hundebiß oder plötzlichen Bänderriß verglichen.

Was ist die Gicht, an der Martin Luther seit 1533 litt? Wodurch entsteht sie, und was weiß man heute über diese Krankheit? Die Gicht ist eine gut erforschte Krankheit des Harnsäurestoffwechsels und beruht auf einer Hyperurikämie, der überwiegend eine renale Ausscheidungsstörung der Harnsäure und seltener eine Harnsäureüberproduktion zugrunde liegt. Die meist erblich bedingte Krankheit führt durch die gestörte Harnsäureausscheidung der Nieren zu Harnsäureablagerungen in verschiedenen Geweben und Organen und dort allmählich zu Veränderungen, zur Bildung von sogenannten Tophi, Nestern von Harnsäurekristallen. Was Luther betrifft, so glaubt Halder in dem Abguß seiner linken Hand eine Deformierung im Sinne einer Arthritis urica zu erkennen.

Im Hinblick auf die Ursachen unterscheidet man eine primäre von einer sekundären Gicht. Die erste Form kommt in etwa 40 Prozent der Fälle familiär gehäuft vor, wobei der Erbgang selbst nicht restlos aufgeklärt ist. Bei der sekundären Gicht treten symptomatisch dieselben Erscheinungen wie bei der primären auf. Eine vermehrte Harnsäuresynthese entsteht durch eine purinreiche Kost – einem

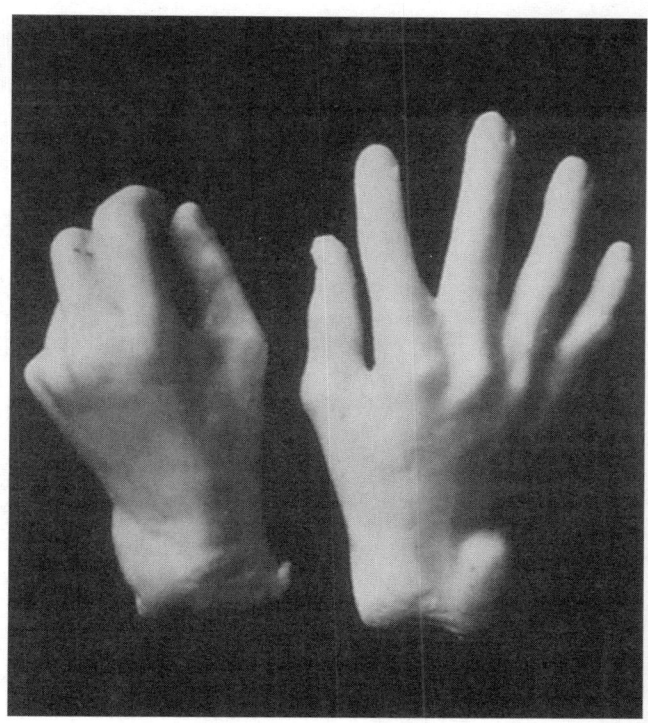

*Abguß von
Luthers Händen*

Gichtanfall geht also nicht selten ein Eß- und Trinkgelage voraus. Die Assoziation einer Hyperurikämie mit einer Adipositas und einem Hypertonus ist häufig. Das kardiovaskuläre Risiko ist ebenso erhöht wie eine vorzeitige Arteriosklerose und eine Niereninsuffizienz.

Was Martin Luther betrifft, so kann eine primäre Hyperurikämie zwar nicht sicher ausgeschlossen werden, dennoch ist sie eher unwahrscheinlich. Über ein familiäres Vorkommen wissen wir, wie bei seinen anderen Krankheiten auch, so gut wie nichts. Der erste Gichtanfall tritt meist um das 40. Lebensjahr auf, Luther war fünfzig. Das schließt eine primäre Gicht nicht aus, macht sie aber eher unwahrscheinlich. In Anbetracht der Seltenheit seiner Anfälle, die aber auf der ungenauen Überlieferung beruhen wird, bin ich der Meinung, daß Luther an einer sekundären Gicht gelitten hat, die nicht allein durch eine vermehrte Harnsäuresynthese nach einem

Eß- und Trinkgelage auftreten kann, sondern ebenso durch eine verminderte Harnsäureausscheidung, die sich funktionell nach reichlichem Alkoholgenuß und einer fettreichen Nahrung einstellt, das heißt: die Ursachen sind dieselben.

Um der Beantwortung dieser Frage bei Martin Luther näherzukommen, scheint es mir geraten, daß wir einen Blick auf seine Eß- und Trinkgewohnheiten werfen, die ziemlich gut bekannt sind und von Küchenmeister explizit zusammengetragen wurden, auf den ich mich wegen seiner Genauigkeit und Gründlichkeit hier gern berufe. Andererseits finden wir viele Zeugnisse und aufschlußreiche Äußerungen Luthers in den Tischreden und seinen Briefen, die das Bild abrunden und hier gleichermaßen berücksichtigt werden. Luther bevorzugte eine einfache Hausmannskost, was immer man damals auch darunter verstehen mochte, wobei er die von seiner Frau bereiteten Speisen am meisten schätzte. In einer 1538 von Anton Lauterbach aufgezeichneten Tischrede sagt Luther: „... aliis faveo, die gern herlich (herrenmäßig) bislein essen. Ich lob eyne reyne, gutte, gemeyne hausspeis." Dazu liebte er Bier, wenn auch nur mäßig, und leichte, nicht zu alte Weine.

Daß er entgegen seinen Gepflogenheiten und seiner Vorliebe für diese schlichte und bescheidene Lebensweise häufig gezwungen war, mit seinem Rhythmus zu brechen und ritterliche üppige Kost mit altem schweren Wein zu sich zu nehmen, wissen wir von der Wartburg und der Coburg, natürlich auch von Einladungen bei Hofe hier wie dort. Es soll auch nicht unerwähnt bleiben, daß er den Einladungen seines Kurfürsten sehr gern folgte, und dort wurde selbstredend nicht gedarbt. Hierher paßt die Tischrede vom Februar 1538, in der Luther bekennt: „Ich eße, was mir schmeckt, und leid darnach, was ich kan."

Für seinen Biergenuß gab er drei Gründe an. Zunächst kannte er als Steinkranker kein besseres harntreibendes Mittel. Außerdem fand er, daß besonders das Naumburger Bier ihm leichte Morgenstühle bescherte, und schließlich kannte er kein besseres Schlafmittel als ein gutes Bier, vor allem für ältere Leute. Unter den Bieren schätzte er am meisten das Einbecker, daneben auch das Torgauer und das bereits erwähnte Naumburger Bier. Lieb und wert war ihm besonders das von seiner Frau in seinem eigenen Hause, dem alten Kloster, gebraute. Auf seinem Haus lag aus den Zeiten des Konvents immer noch die Braugerechtigkeit.

Fest scheint zu stehen, daß Luther gern trank, allerdings mäßig, wie man hört. Das ist am Ende eine nichtssagende Einschätzung, da wir die Trinkgewohnheiten der Menschen des 16. Jahrhunderts wenig kennen. Daher finde ich es dankenswert und aufschlußreich, daß Küchenmeister so korrekt ans Werk ging, uns auch hier einen Einblick zu gewähren. Kaiser Karl V., der dafür bekannt war, daß er wenig trank, nahm zu seiner Mittagsmahlzeit eine solche Menge Wein zu sich, die etwa drei Flaschen Wein zu Küchenmeisters Zeit entsprach. Heute würden wir das wohl kaum noch als mäßig bezeichnen. Als weiteres Beispiel führte Küchenmeister an, daß Kurfürst Joachim II. von Brandenburg 1570, als er Luthers Sohn, Dr. Paulus Luther, in Leipzig besuchte, einen Silberbecher auf einen Zug austrank, der immerhin einen Liter Wein faßte. Das mag genügen, wirft es doch ein Licht darauf, daß Begriffe wie mäßig und bescheiden so gut wie nichts besagen – viel trinken war einfach üblich und verstieß keineswegs gegen die Sitten.

Was diese Seite betraf, war Luther auch auf seinen guten Ruf bedacht. Warum fragte er den Kardinal Vergerius, „ob es wahr sei, dass man in Rom gesagt haben solle, die Reformation sei im Rausche erzeugt, und das Werk eines besoffenen Deutschen"? Gewiß war Martin Luther kein Trinker, aber ebenso gewiß scheint mir zu sein, daß er diesbezüglich in seiner Zeit nicht aus der Rolle fiel. Wir dürfen bei einer solchen Wertung nicht unsere Maßstäbe von heute anlegen. „Während ich mein Wittenbergisch Bier trinke, fließt das Evangelium" – auch ein Ausspruch Luthers, der für seine Freimütigkeit spricht. Auch Trinksprüche sind von ihm bekannt, die er abends von sich gab. Anton Lauterbach hat im April 1538 folgende Äußerung Luthers niedergeschrieben: „Bistu voll, so leg dich nieder, steh auff und sauff herwider, so treibt eine ful die annder; das ist die regel Alexander..."

Luther war sich der Schwäche seiner Deutschen bewußt. Eindeutig hat er sich gegen dieses Laster ausgesprochen, worauf ich eingegangen bin. In der von Mathesius im Mai 1540 mitgeschriebenen Tischrede sagt Luther: „Unser Hergott muß unß

Deutzschen die trunckenheit vor ein tegliche sunde rechnen, den wir konnens nicht woll lassen, und ist doch so ein schandtliche plage, daß sie leib, sehle und gutt wehe thutt." Ich denke, daß Luthers Eß- und Trinkgewohnheiten auch eine „Gleitschiene" zu seiner Gicht sein konnten und daß die Kost damals, auch eine sogenannte einfache Hausmannskost, viel ballastärmer war als heute, zumal man einige Grundnahrungsmittel, die heute üblich sind, noch gar nicht kannte. Nicht umsonst waren, wie erwähnt, viele Persönlichkeiten um Luther gichtkrank. Für mich hatte Martin Luther also eine sekundäre Gicht, für die seine Zeit, zumindest wenn man es sich leisten konnte, einen fruchtbaren Boden bildete.

Johannes Aurifaber schrieb über die Tischrede Luthers „Worumb Kranckheiten komen": „Drumb waren des Gichts vrsach die Suende/ so der Gichtbruechige selb gethan/ vnd begangen hatte/..." Natürlich sprach Luther hier von anderen Sünden als solchen, die durch Völlerei und Trunkenheit zu dieser Krankheit führen. Aber schuldig vor Gott ist letzlich auch, wer sich wissentlich an seinem Körper versündigt. Welche entsetzlichen Schmerzen und welche Pein ihm ein Gichtanfall verursachte, zeigt Luthers Bereitschaft, seine neue Krankheit gegen „frantzoß" oder „pestilentz" zu tauschen – lieber wollte er das Kreuz dieser gefürchteten Infektionskrankheiten auf sich nehmen.

Die Jahre 1534 und 1535 gönnten Luther eine Atempause, jedenfalls sind bezüglich seines Menièreschen Anfallsleidens und der Gicht in Briefen und Tischreden keine Hinweise zu finden. Im Januar 1534 hören wir lediglich von einem katarrhalischen Infekt, der sich im Herbst desselben Jahres noch einmal wiederholen sollte und, um gleich auf 1535 zu sprechen zu kommen, so trat derselbe im Oktober dieses Jahres noch einmal in Erscheinung. Bis auf gelegentliche schmerzhafte Mittelohrentzündungen mit passagerer Schwerhörigkeit halten sich Luthers Beschwerden in diesen beiden Jahren in Grenzen.

1534 finden wir Luther häufig auswärts, ein Zeichen seines körperlichen und seelischen Wohlbefindens. Und so ist auch sein Brief an Katharina vom 29. Juli, den er ihr aus Dessau schrieb, erfrischend zu lesen: „Da mußt ich singen: trinck ich nicht wol, das ist mir leid, vnd thetts so rechte gerne, Vnd gedacht: wie gut wein vnd bier hab ich daheyme, da zu eine schone frawen oder (solt ich sagen) herren. Vnd du thettest wol, das du mir heruber schickest den gantzen keller vol meyns weyns vnd eine pflosschen deines biers, so erst du kanst. Sonst kome ich fur dem newen bier nicht wider. Hie mit Gott befolhen sampt vnsern iungeren vnd allem gesinde, Amen. Mitwochens nach Jacobi 1534. Dein liebchen Mart. Luther D."

Erwähnenswert ist lediglich, daß im Jahre 1535 die Pest nach Wittenberg zurückgekehrt war, die ihn wie immer nicht bekümmerte. Er spottete regelrecht über die allgemein verbreitete Pestfurcht und schrieb am 9. Juli seinem Kurfürsten, der ihm dringend geraten hatte, Wittenberg wegen dieser Seuche zu verlassen: „Es hat mir Dr. Bruck (Kanzler) angezeigt, E.K.F.G. gnädiges Erbieten gegen mir, so Sterbensläuft allhier würden anlassen; und ich danke ganz unterthäniglich, E.K.F.G., für solches gnädiges Sorgen und Erbieten..." Luther bleibt wie immer in Wittenberg, ja er zweifelt sogar an der Pest, weil der Landvogt Hans Metzsch ihm diese Krankheit nicht bestätigt hatte, obwohl der „eine ganz nüchterne Geyers-Nase gehabt auf die Pestilentz, und wo sie 5 Ellen unter der Erde wäre, würde er sie wohl riechen".

Die Jahre 1536 und 1537 sollten dagegen besonders schwere und dramatisch verlaufende Prüfungen für Luther bringen, und schon im Februar 1536 befiel ihn ein so heftiger Infekt der oberen Luftwege, daß er wichtige Termine absagen und seine Reisepläne zum Anhaltinischen Fürsten aufgeben mußte. Im März sollte es weit schlimmer für ihn kommen, denn fraglos meldete sich nach genau zehn Jahren sein Nierensteinleiden zurück, das Luther zunächst für eine Erkrankung seiner Hüfte hielt. Am 25. März 1536 schrieb er an Martin Bucer: „Ich bin gezwungen, weniges zu schreiben, da ich jetzt 14 Tage lang darniederlag mit unerträglichen Schmerzen in der linken Hüfte; ich komme gerade eben wieder zu Kräften."

Jedoch scheint er keine Fortschritte in seiner Genesung gemacht zu haben, denn am 1. Mai berichtete er: „Ich bin dieses Ostern mit Christus vom Tode erstanden, ich war nämlich so krank, daß ich überzeugt war, sterben zu müssen..." Luther scheint sich über seine längst in Vergessenheit geratene Krankheit noch immer nicht im klaren gewesen zu sein, denn am 12. Mai schrieb er in seinem

Brief an Wolfgang Capito: „Im übrigen bin ich noch immer von meiner eben überstandenen Krankheit erschöpft und darf nicht eine längere Reise wagen…"

Doch dann erkannte der nun 52jährige Reformator, daß sich hinter seinem vermeintlichen Hüftleiden ein Nierenstein verbarg. Bereits am 30. Mai schreibt er an Markgraf Georg von Brandenburg: „… dann ich für meinen neuen Gast, dem Calculo, nicht konnt gen Eysenach, wie bestimpt war, kommen…" Im Juni klagt er noch immer über seine Steinbeschwerden und schreibt am 7. an Justus Jonas: „Ich schreibe nicht viel, da ich gestern den ganzen Tag an den Vorboten des Steines litt… aber nun sind, in dem ich jeglichen Wein mied – einige Mengen kleinster Steinchen abgegangen, und so bin ich wieder gesund." Luthers Nierensteinleiden war wohl seine allgemein bekannteste Krankheit. Wir wissen, daß er im Jahre 1526 zum ersten Mal am Steine litt, obwohl die Anamnese wahrscheinlich bis 1521 zurückreicht. Aber erst 1536 begann sein eigentlicher Leidensweg, dessen Gipfel in den Winter 1537 fallen sollte.

Halders Vermutung, daß Luther primär an Nieren- und sekundär an Blasensteinen litt, werde ich am Ende meines Berichts über seine fast tödlich verlaufende Krankheit im Jahre 1537 nachgehen, wie überhaupt einige grundsätzliche Bemerkungen über sein Nierensteinleiden aus heutiger Sicht erforderlich sind (siehe S. 126-129). Zuvor aber möchte ich den ersten Bericht über Luthers Steinerkrankung, den wir Matthäus Ratzeberger verdanken, wiedergeben. Wahrscheinlich hat er ihn zwischen 1531 und dem Frühjahr 1532 niedergeschrieben: „Da D. Luther zum erstenmale am Calculo kranck war, fielen mancherley symptomata zu, welche er zuvor nicht fulete, und die Medici an Ihm nicht gewonet wahren… So war Ihm appetitus cibi gar entgangen, und scheuete sich auch sonsten für gemeiner Artzeney aus der Apotecken, zu dem hatte er große dolores totius corporis (Schmerzen am ganzen Körper, d. Verf.) und gar keine ruhe… Seine Medici waren Augustinus Schurffius und Licentiat Melchior Fendius, Da sie Ihn nhun sehen essen, entsetzen sie sich für dieser kost, welche sie Ihm für schedlich und ungesund achteten. Ach was thut Ihr doch sagte Licentiat Fendius Her Doctor, Das Ihr wollet selber noch krencker machen...Balde nachdem sie urlaub von Ihme genommen und nunmehr gedachten, Er wurde gar ein Letalem morbum erwecken, (tödliche Krankheit, d. Verf.) kombt ein großer calculus von Ihme, dessen sie zuvor an Ihm nicht gewonet waren, und war Lutherus wieder gesundt..."

Der Bericht ist nicht allein wegen allgemeinen Interesses lesenswert, sondern gestattet auch Schlußfolgerungen zum Verlauf der Krankheit, ganz abgesehen davon, daß wir erfahren, welche Ärzte Luther behandelten. Wenn Ratzeberger diesen Bericht auch erst zwischen 1531 und 1532 niederlegte, so handelte es sich doch ganz offensichtlich um die Beschreibung Luthers erster Nierenkolik aus dem Jahre 1526. Dafür spricht einmal seine Formulierung „zum erstenmale am Calculo kranck war", zum anderen auch die Nennung der beiden uns schon bekannten Ärzte Augustin Schurff und Melchior Fendt.

Aufschlußreich bezüglich der Eß- und Trinkgewohnheiten Luthers ist die Bemerkung Ratzebergers, daß sie sich „fur dieser kost" (entsetzten), „welche sie Ihm fur schedlich und ungesund achteten". Das läßt, unabhängig von seiner Nierenkolik, wohl weitergehende Schlußfolgerungen zu, die möglicherweise auch etwas mit seiner späteren sekundären Gicht zu tun haben könnten, denn offenbar entsprach die Kost, die Luther zu sich nahm, nicht den Diätvorstellungen seiner Ärzte, die ihm hauptsächlich Mäßigung im Essen und Trinken ans Herz gelegt hatten. Sein Zustand muß auf seine Ärzte beängstigend gewirkt haben, wenn sie der Ansicht waren, „er wurde gar ein Letalem morbum erwecken".

Bevor wir uns dem neuen Jahr zuwenden, soll Luthers Krankengeschichte von 1536 abgeschlossen werden, die sich mit seinen Nierenkoliken keineswegs erschöpfte. Am 26. Mai befiel ihn ein solcher Schwindelanfall, daß er den Gottesdienst verlassen mußte. Außerdem quälten den Geplagten Obstipationen im Wechsel mit Diarrhoen. Aber im Vordergrund all seiner Beschwerden stand 1536 Luthers Steinleiden, das ihm bis in den Juni hinein zu schaffen machte. Ein halbes Jahr später brachte diese Krankheit den Wittenberger Professor fast an die Schwelle des Todes.

Luthers Gesundheitszustand war alles andere als gut, als er am 31. Januar 1537 zu Bündnisgesprächen nach Schmalkalden aufgebrochen war. Am 1. Februar soll er gesund und heiter gewesen sein und wurde auf dem kurfürstlichen Schloß in Altenburg gastlich bewirtet. Am 7. Februar traf er bei strenger Kälte in Schmalkalden ein, wo er in einer feuchtkalten Herberge logierte. Ratzeberger vermerkte dazu: „...ward Lutherus In eine gar unbequeme herberge gefuhret, darinnen er In seinem bette Nasse tucher, welche noch nicht ausgetrockenet wahren, hatte untergelegt..."

Am 8. Februar machten sich erste Steinbeschwerden bemerkbar, die Luther selbst noch als schmerzlose Konkremententleerung mit einer Hämaturie registrierte. Am 9. stand er wieder auf der Kanzel, während drei Tage später nach der Predigt typische Koliken einsetzten mit ihren alles beherrschenden Schmerzen. Wenn sich auch in der Nacht vom 13. zum 14. Februar ein Stein löste, so war jetzt an eine Teilnahme bei den Verhandlungen mit den protestantischen Reichsständen überhaupt nicht mehr zu denken. Die am 17. Februar erneut beginnenden Koliken leiteten eine dramatische Krankheitsphase ein, über die Ratzeberger schrieb: „Da fiel Ihm eine opilatio oder obstructio meatum urinalium fur, Das er kein wasser von sich lassen konte, und wiewol viel kegenwertige Medici Ihre Kunst an Ihm vorsuchten, So war die opilatio so starck, das man auch per instrumenta collo Vesicae inserta nichts helfen konte, Daruon erhube sich ein tumor uber den gantzen leib, Das man Ihm nichts thuen konte, sondern des endes erwarten muste..."

Als Luther am nächsten Tag zu predigen beabsichtigte, überfielen ihn Schmerzen „wie nie zuvor", so daß er den Versuch aufgeben mußte. Am 19. Februar setzte eine achttägige Harnverhaltung ein, die mit Brechreiz, Unruhe, starken Schmerzen, einer Diarrhoe und zunehmender Schwäche einherging. Einen Tag später schrieb Melanchthon: „Der Calculus setzte Luther äußerst heftig zu, und obwohl er seit Sonntag andauernd heftigste Schmerzen hatte, ging dennoch kein Stein ab. Zu diesen Qualen kommt eine sonderbare Schwäche hinzu. Denn der Magen ist sehr übel mitgenommen und verdorben; beiden Krankheiten muß begegnet werden."

Die anwesenden und herbeigerufenen Ärzte konnten dem todkranken Luther trotz Ausschöpfung aller ihnen zur Verfügung stehenden Mittel nicht helfen. Johannes Meckbach-Megobachius, Archiater (Leibarzt) des Landgrafen Philipp von Hessen, blieb mit seinem Versuch einer Klystiertherapie ebenso erfolglos wie ein sechs Tage später herbeigeholter Steinschneider aus Waltershausen. Auch das von „Meister Jakob" (Jacob Milichius) angefertigte katheterartige Instrument versagte seinen Dienst und konnte die Harnsperre nicht überwinden. Michael Alberti sollte später schreiben, Luther habe sich „... bey einer beschwerlichen und sehr unbequemen Reise zur Fastenzeit (da sonst die Witterung unfreundlich und ungesund ist) auf die Zusammenkunft nach Schmalcalden begeben, daselbst am Sonntag Invocavit die Früh Predigt abgelegt, Nachmittag aber in eine gefährliche Verstopfung des Urins gefallen, welche mit grossen Schmerzen und äussersten Entkräftung acht Tage lang hart angehalten, und nach dem Bericht Philippi Melanchthonis durch einen unerfahrnen Hessischen Medicum soll verschlimmert worden seyn, dergestalt, daß alle an der Erhaltung des Patienten zweifelten."

Luthers Lebensende schien nahe zu sein. Er selbst hatte jede Hoffnung auf Genesung aufgegeben und nur den Wunsch geäußert, in Gotha oder zu Hause zu sterben. Inzwischen hatte man, nachdem die Leibärzte der zu Schmalkalden versammelten Fürsten sein Schicksal nicht abzuwenden vermochten, in höchster Not den Luther persönlich befreundeten und hochangesehenen Arzt Professor Dr. med. Georg Sturtz aus Erfurt gerufen, der nach seinem Eintreffen Luthers Rückreise nach Wittenberg befürwortete. Am 26. Februar fuhr ein kurfürstlicher Wagen vor, um den todkranken Reformator aus Schmalkalden abzuholen, wobei ihn Dr. Sturtz fürsorglich auf der mühseligen Fahrt durch den Thüringer Wald über Thambach, Gotha und Erfurt bis nach Weimar begleitete, wo Dr. Schurff aus Torgau und Dr. Stephan Wild aus Zwickau Luther erwarteten, um gemeinsam mit ihm die Weiterreise bis nach Wittenberg fortzusetzen. Ein zweiter Wagen mit vielen Instrumenten und mit Kohlen, die man zum Anwärmen der Tücher für Luther vorsorglich aufgeladen hatte, war dem ersten gefolgt.

Die Erschütterungen des Wagens auf den holprigen Straßen und Wegen hatten immerhin zur Folge, daß sich während des Zwischenaufenthaltes in Thambach in der Nacht zum 27. Februar endlich ein Stein löste und die akute Lebensgefahr abgewendet schien. Die Diurese war nach acht Tagen wieder in Gang gekommen, „… und hat der Doctor für Freuden darüber seinen Brunnen selbst geengt (gemessen) und bis in 11 Kannen aufgefangen", wie es in den Tischreden dazu heißt.

Im Laufe des Tages schrieb Martin Luther seiner Frau Katharina, wahrscheinlich aus Thambach, folgenden Brief: „Denn ich selber gestern von Schmalkalden aufgebrochen… Ist die Ursach, ich bin nicht uber drei Tage hie gesund gewest, und ist bis auf diese Nacht vom ersten Sonntag an kein Tröpflin Wasser von mir kommen, hab nie geruget noch geschlafen, kein Trinken noch Essen behalten mögen. Summa, ich bin tot gwest und hab dich mit den Kindlein Gott befohlen und meinem gnädigen Herrn, als würde ich euch in dieser Sterblichkeit nimmermehr sehen… Der fromme Fürst hat lassen laufen, reiten, holen und mit allem Vermögen sein höchstes versucht, ob mir möcht geholfen werden; aber es hat nicht wollt sein. Deine Kunst hilft mich auch nicht mit dem Mist (Hausmittel Katharinas, ein Trunk aus Pferdemist und Knoblauch, d. Verf.)… Solches schreib ich dir darumb, denn ich halte, daß mein gnädigster Herr habe dem Landvogt befohlen, dich mir entgegen zu schicken, da ich ja unterwegen stürbe, daß du zuvor mit mir reden oder mich sehen möchtest; welchs nu nicht not ist… Heut liegen wir zu Gotha… Martinus Luther."

Wenn die unglaubwürdig anmutenden Berichte stimmen, hat die Harnverhaltung vom 18. bis 26. Februar bestanden, also volle acht Tage, bis es zum Wiedereintritt der Diurese kam. Alberti sah in dem Steinabgang eine göttliche Fügung, verschwieg aber nicht die Bedeutung der mechanischen Wirkung durch die beschwerliche Reise, wenn er schrieb: „… daß die beschwerliche Leibes-Bewegung des Fahrens, die mühsame Ein- und Aussteigung des Wagens, und ein Trunk rothen Weins, (welcher sonst eine urintreibende Kraft hat) die vorher verschlossene Gänge wieder frey und gangbar gemacht."

Nach dem spontanen Urinabgang in Thambach konnte der schwerkranke Luther am nächsten Tag nach Gotha weiterreisen, wo sich Koliken mit einer inkompletten Harnverhaltung von neuem einstellten. Luther war appetitlos, litt an Erbrechen und

Durchfall, und in der Nacht vom 28. Februar auf den 1. März befiel ihn ein solcher Schwächezustand, daß er sein erstes Testament aufsetzte. Den herbeigerufenen Stadtpfarrer Myconius bat er um eine Grabstätte in Gotha. Aber schließlich kam es hier zum Abgang von insgesamt sechs Steinen, so daß die Reise fortgesetzt werden konnte. Melanchthons Bericht vom 3. März gibt uns ein Bild von Luthers Zustand aus diesen Tagen: „Ich hörte, daß Luther zu Anfang in Gotha ziemlich heiter war. Später litt er wiederum recht lange unter Harnverhalt, aber gestern berichteten sie, daß wieder Urin abgeflossen sei, aber nur beschwerlich. Die Steinmasse scheint daran zu hindern, die wegen der allgemeinen körperlichen Schwäche weniger mit Medikamenten bewegt werden kann. Denn die Diarrhoe hat noch nicht nachgelassen, und er ernährt sich nur ganz spärlich ...“

Luther hatte gottergeben sein Schicksal in die Hand seines Schöpfers gelegt. Lauterbach und Weller schrieben: „Es ist Gott genung gebetthen und angelauffen und angeschrien! Wil ehr hören, so kan er es thun, ja er wirds machen, wie es fur im gutt ist. Hilfft es mich nicht, so hilfft es euch; es wird aber auch euch helffen zu seiner ehr. Es ist calculus der Teuffel. Und wenn mich Gott schon ihm vorwirfft und lest mich ihn schon zureyssen, so wird er doch ihn wieder zureyssen, und soll mich mein Christus wol an ihm rechen.“ Und verzweifelt betete Luther: „Oh Herr, höre doch mein Seuffzen und schreyen und hilff mir!“

Allmählich, aber doch stetig erholte sich der Kranke und traf am 14. März, wenn auch geschwächt, in Wittenberg ein. Einige Tage später in der Nacht vom 16. zum 17. März gingen noch einmal zwei Steine ab. Am 15. März konnte Melanchthon befreit an Veit Dietrich schreiben: „Durch Gottes Güte ist Luther mit uns zusammen am 14. März nach Wittenberg zurückgekehrt. Er erholte sich schon ganz vortrefflich, nachdem sechs Steine abgegangen sind, einer davon war fast bohnengroß. Diese hat er in Gotha sofort nach Eurem Weggang ausgestoßen. Diesen großen Schmerzkämpfen folgte, wie üblich, eine große Mattigkeit, hinzu kamen auch Verdauungsstörungen, die das nächtliche Wachen, das Erbrechen und die übrigen vielen Beschwerden noch verstärkten. Nun gelangt er durch Gottes Gnaden wieder zu Kräften.“

Über sein Befinden und seine allmähliche Genesung gibt ein Brief Auskunft, den Luther selbst am 31. März an Spalatin richtete. Hier teilte er seinem Freund mit, daß er wieder essen und trinken lerne, seine Beine und Knie aber noch so kraftlos seien, daß sie seinen Körper nicht sicher tragen konnten. Jedenfalls war Luther unterdessen soweit wiederhergestellt, daß er am 3. April an den Hof nach Torgau reisen konnte. Zu einer diätetischen Steinprophylaxe, die seine Ärzte ihm nach dieser schlimmen Erfahrung dringend empfahlen, hat Luther sich jedoch auch in der Folgezeit nicht entschließen können.

Noch einmal 1537, ein halbes Jahr später, am 9. November, kam es zum Abgang von sechs Konkrementen. Abermals war er abgeschlagen, geschwächt und leistungsunfähig, so daß er schrieb: „... bin aber so überlastet, so von Krankheiten gequält, daß ich mehr als meine Pflicht unerfüllt lassen mußte und noch muß ..." In einer Rückschau auf die Ereignisse von Schmalkalden äußerte Luther später in einer Tischrede: „Als ich in Schmalkalden darniederlag, reichten mir die Ärzte so viel Getränke, als ob ich ein großer Ochs wäre. Sie versuchten viele Mittel, saugten auch an den Schamteilen und ich parierte, damit es nicht scheine, als wollte ich bei meiner Wiederherstellung etwas vernachlässigen. Unglücklich ist der Mensch, der von der Hilfe und dem Consil der Ärzte abhängt. Ich leugne nicht, daß die Medizin ein Geschenk und eine Wissenschaft, aber wo gibt es vollkommene Ärzte?"

Bei Johannes Aurifaber hört sich Luthers Äußerung so an: „Als er zu Schmalkald were Kranck gelegen / da weren wol vier Medici vber jm gewesen / denen er gar were gram worden / Denn es were kein Mensch in der Welt / der so vngern aus der Apoteken esse vnd truencke / als er / Und erzelte sein Exempel / das er were alda drey tage gelegen / vnd nichts essen moegen / Und die Medici hatten jme auch viel Speise verbotten / Da war die Fraw im Hause zu jm kommen / die hatte in gebeten / Er solte doch sagen / wozu er lust hette zu Essen / so wolte sie es jm zurichten / Da hette er gesaget / Er moechte gerne kald Erbeis vnd Bradhering essen / die hette sie jm gemacht / Und er hette flugs darauff wol geschlaffen."

Betrachten wir jetzt, wie angekündigt, Luthers Nierensteinleiden aus heutiger medizinischer Sicht und werfen dabei auch einen

Blick auf die möglichen Ursachen der Nierensteinbildung unter besonderer Berücksichtigung der Lebensweise Martin Luthers und all dessen, was wir über den Reformator wissen.

Das Nierensteinleiden (Nephrolithiasis, Urolithiasis) ist eine relativ häufige, das männliche Geschlecht bevorzugende Erkrankung, die durch sogenannte Zivilisationsfaktoren begünstigt wird. Was diese Zivilisationsfaktoren anbelangt, so treffen sie schon voll und ganz auf Luther und Luthers Zeit zu, wie wir noch hören werden. Nierensteine (Harnsteine) sind Konkretionen von Urinkristallen. Man unterscheidet anorganische, organische und Tripelphosphatsteine und weitere, die nur aus der Gerüstsubstanz bestehen. Eine genetisch bedingte Disposition für das Harnsteinleiden ist bislang nicht nachgewiesen worden, man nimmt aber an, daß familiäre und konstitutionelle Faktoren bei der Entstehung eine Rolle spielen.

Die Ursachen für die Nierensteinbildung sind mannigfacher Natur. Sie sind im allgemeinen wohl bekannt, im speziellen Fall ist ihr Nachweis schwieriger. Wichtig ist also in jedem Fall die gründliche Erhebung anamnestischer Daten, denn es gibt durchaus Fälle von familiärer Steinhäufigkeit. Was Luther betrifft, so muß dieser Punkt aus den schon mehrfach genannten Gründen leider entfallen. Wir wissen darüber nichts.

Auch kann eine ungenügende Flüssigkeitszufuhr zur Steinbildung führen, eine Möglichkeit, die bei Luther ebenfalls entfallen dürfte. Ein wichtiger Gesichtspunkt sind aber die sogenannten Zivilisationsfaktoren, die sich am Ende auf einen Überkonsum an bestimmten Nahrungsmitteln und alkoholischen Getränken reduzieren und schon zu Luthers Zeit vorgelegen haben. Die Nierensteinbildung wird besonders begünstigt durch tierisches Eiweiß und durch Alkohol, auch durch übermäßigen Kaffee- und Teegenuß. Kaffee kannte man im 16. Jahrhundert in Deutschland nicht, aber reichliche Fleischmahlzeiten und regelmäßigen Alkoholkonsum dürfen wir bei Luther wohl annehmen. Eine Adipositas sowie Bewegungsmangel sollen die Steinbildung gleichermaßen fördern. Daß Luther spätestens nach seiner Verheiratung, wahrscheinlich schon nach seinem Wartburgaufenthalt fülliger wurde, wissen wir. Bewegungsmangel vermag ich allerdings bei Luther nicht zu erkennen, hier war eher das Gegenteil der Fall, sehen wir von seinen unfreiwilligen Aufenthalten auf der Wartburg und der Coburg einmal ab.

Auch bestimmte Erkrankungen begünstigen die Nierensteinbildung. Ganz oben steht die Gicht, an der Luther spätestens ab 1533 litt. Ein Hypertonus wirkt sich gleichermaßen ungünstig aus, und auch den hatte Luther für mich spätestens seit den dreißiger Jahren. Fraglos gab es viele Faktoren in Luthers Lebensweise, die die Entstehung seiner Nierensteine und die Auslösung der Koliken begünstigten. Auch sollten wir nicht vergessen, daß er an vielen Krankheiten litt, die alle miteinander zu tun hatten, sich gegenseitig beeinflußten und die Nierensteinbildung förderten. Dazu gehörten vor allem seine Gicht und seine Adipositas.

Die akute Steinkolik ist ein dramatisches Ereignis, das mit überwältigenden Schmerzen einhergeht. Die Symptomatik einer akuten Nieren- und Ureterkolik kann zu Verwechslungen mit anderen Erkrankungen in der Bauchhöhle führen. Für den Patienten eindrucksvoll und erleichternd ist der förmlich fühl- und vor allem hörbare Konkrementabgang beim Wasserlassen, dem zumeist eine Makrohämaturie folgt. Verlegt ein Stein den Blasenausgang, wird die Miktion plötzlich abgebrochen. Bei Lagewechsel des Patienten oder heftigen Bewegungen setzt sie zumeist wieder ein. Steine sind häufig die Ursache uncharakteristischer Rückenschmerzen und werden nicht selten als Ischiasbeschwerden fehlgedeutet. Auch Luther dachte zunächst an ein Hüftleiden – erinnern wir uns an sein Briefzitat –, nicht aber an seine Nierensteinerkrankung.

Wenn wir das heutige Wissen zugrunde legen, so hat Luther sowohl an Nieren- als auch an Blasensteinen gelitten. Letztere gingen häufig nach Bewegungen und körperlichen Anstrengungen ab. Problematisch und schwierig ist allerdings die Beurteilung seiner angeblichen achttägigen Harnsperre. Falls sie überhaupt stimmt, so muß an einen Nierenbeckenausgußstein oder andere fixierte Steine gedacht werden, die zum völligen Harnstau führen können. Wenn es sich bei Luther so verhalten hat, waren seine damit verbundenen Schmerzen, über die ja mehrfach berichtet wurde, die Folge des Harnstaus selbst oder einer floriden Harnwegsinfektion. Ansonsten bereiten solche Steine oft keinerlei

Beschwerden und werden nicht selten erst vom Pathologen diagnostiziert.

Prophylaktische Maßnahmen waren aus der Erfahrung heraus bereits zu Luthers Zeit bekannt. Seine Ärzte hatten sie ihm mehrfach nahegelegt. Davon jedoch wollte der Reformator nichts hören. Die geforderte tägliche Flüssigkeitszufuhr von über zwei Litern war sicherlich von ihm noch zu befolgen. Eine einseitige Nahrungszufuhr, die Luther ja besonders liebte, wirkt sich gleichermaßen ungünstig aus und sollte auf jeden Fall vermieden werden. Das Körpergewicht ist zu normalisieren, wohl eher eine Forderung unserer Zeit. Die regelmäßige Bewegung versuchte sich Luther, wenn auch nicht im mindesten wegen einer Steinprophylaxe, durch Gartenarbeit und Drechseln zu verschaffen, weil er sie als Ausgleich für seine geistige und regelmäßige Schreibtischarbeit einfach als wohltuend empfand. Und was den genügenden Schlaf anbelangt, der ebenfalls als prophylaktische Maßnahme empfohlen wird, so konnte sich Luther den, wie er selbst sagte, am besten nach dem Genuß von Naumburger Bier verschaffen, damit aber konnte er bestenfalls den Teufel mit dem Beelzebub austreiben.

Der alte Luther

Das Jahr 1538 bezeichnete der Reformator als „ein recht hämisch Jahr". In seinen vielen Briefen wird die ständige Angst vor weiteren Nierenkoliken deutlich. Noch im Februar äußerte Luther: „Ah, liber Got, wer ich zu Schmalkalden am calculo gestorben, so wer ich schon ein jharlang im himel gewesen." Zunächst jedoch verhielten sich seine Steine ruhig, dagegen verschafften sich andere Krankheiten ihren Zutritt.

Nach Aussagen seiner Freunde litt Luther vom 7. bis 22. Juli an der Ruhr, die ihn so schwächte und mitnahm, daß er um sein Leben bangte. Mit dem ihm eigenen Humor beschrieb Luther seine Krankheit später in einer Tischrede so: „Wir essen vns zu todt, trincken vns zu todt, schaissen vns zu todt, fasten vns zu todt... Haec dixit, da die rurr also regiret – Vitembergea."

Am 20. Juli traten starke Gelenkbeschwerden hinzu, die durch Nierenkoliken vorgetäuscht waren. Sie bereiteten Luther wochenlange Beschwerden, so daß er sich noch am 7. August vor Schmerzen auf dem Boden wälzte. Die zeitlichen und auch die inhaltlichen Angaben differieren hier ein wenig voneinander. Nach Ebstein litt Luther nicht nur an seinen Nierenkoliken, sondern auch – und das fast zeitgleich – an heftigen rheumatischen Beschwerden mit reißenden Schmerzen in den Gelenken und mit Fieber. Ebstein schrieb: „Die Krankheit steigerte sich bald, und der Stein fing gleichzeitig auch an wieder zu wühlen."

Man hat diese Beschwerden nachträglich als fieberhaften Rheumatismus gedeutet, und diese Deutung wurde von einer Beschreibung zur anderen übernommen. Im Zusammenhang mit unseren Betrachtungen über das Nierensteinleiden habe ich versucht herauszustellen, daß eine akute Steinkolik differentialdiagnostisch Schwierigkeiten bereiten kann. Steine sind häufig die Ursache uncharakteristischer Rückenschmerzen und werden als Ischias, Rheuma oder degenerative Veränderungen der Wirbelsäule fehlgedeutet. Für mich handelt es sich bei den angeblichen rheumatischen Beschwerden Luthers um eine solche Fehldeutung, denn seine Schmerzen waren mit an Sicherheit grenzender Wahrscheinlichkeit durch Steinkoliken verursacht, die selbstverständlich auch mit Fieber durch eine Harnwegsinfektion einhergehen können.

Ende Juli erlitt Luther nach längerem wieder einen Gichtanfall, der sich wahrscheinlich Anfang August noch einmal wiederholte, so jedenfalls hat es uns Anton Lauterbach übermittelt. Ganz sicher aber litt Luther im August an einer langwierigen Durchfallerkrankung, wahrscheinlich wieder an der Ruhr, die ihn völlig vom Arbeiten abhielt und ständig weiter herunterbrachte. Überdies war Luther durch seine Koliken und Gichtanfälle immer noch geschwächt. In Aurifabers Tischreden kommt Luther selbst zu Wort, was der Verfasser so wiedergibt: „Da Doctor Martinus Luther/ die rote Rure hatte/ und auch vom Stein geplaget ward/ sprach er/ Ach lieber HERR Gott/ welch ein Kleinodt ist ein Gesunder Leib/ der Essen / Trincken / Schlaffen / Dawen / Harmen etc. kan/ Wie wenig danckt man jm dafuer... Zur selben zeit sagte er/ Man solte nicht bey dem Hintern Fluchen noch Schweren/

oder sein spoetlich gedencken / Er wil kurtzuemb sein Regiment haben/ nicht nach sich regiren lassen /..."

Auch klopfte 1538 abermals die Pest an die Pforten von Wittenberg, die besonders stark im Anhaltinischen und in Magdeburg wütete und auch in Wittenberg in einigen Häusern auftrat. Wie immer eiferte Luther förmlich gegen diese Krankheit und sprach sich besonders in seiner am 25. Oktober in seinem Haus gehaltenen Predigt gegen die allgemein verbreitete Pestfurcht aus. Daß Luther zu Hause predigte, war in diesen schweren Krankheitsmonaten längst zur Regel geworden.

Vom Juni 1537 bis zum April 1539 predigte der Reformator wegen der Abwesenheit Bugenhagens vormittags in der Wittenberger Stadtkirche, aus Gesundheitsgründen allerdings mit erheblichen Unterbrechungen. Vom 7. Juli bis 13. Oktober 1538 konnte er dieser Aufgabe wegen seiner vielen Krankheiten nicht nachkommen und lediglich in seinem Hause predigen.

Das Jahr war schlimm genug für Luther gewesen, aber 1539 kündigte sich nicht im mindesten besser an. Bereits am 11. Januar, als Luther morgens um 7 Uhr mit Melanchthon disputieren wollte, befiel ihn vor dessen Haus ein solcher Schwindelanfall, daß er sofort umkehren mußte. Im ganzen Jahr 1539 wurde er wieder häufiger von seinem Schwindel geplagt. Die erste Wiederholung fiel auf den Palmsonntag zu Beginn seiner Predigt, wobei sich Luther aber schnell erholte. Schwerer war der Verlauf zu Pfingsten, als er in Leipzig den Festgottesdienst wegen eines Schwindelanfalls nicht halten konnte und seine Predigt auf den weniger feierlichen Nachmittag verlegen mußte.

Melancholie und Verbitterung wurden allmählich zu Luthers ständigen Begleitern. Die vielen Krankheiten der letzten Jahre, die sich 1539 in vielfältiger Gestalt fortsetzten und noch erweiterten, machten ihn lebensmüde. Immer mehr sehnte er sich nun nach dem Tode. Luther war körperlich äußerst geschwächt und sichtbar gealtert. Sein Gesichtsausdruck erhielt immer tiefere Züge von Resignation und auch von Traurigkeit. Nicht genug, daß er die Beschwerden des alten Jahres noch längst nicht überwunden und sich der lästige Schwindel zurückgemeldet hatte, stellten sich erneut Nierenkoliken ein, deren Beginn er, wie oben erwähnt, während einer Tischrede am 8. April treffend so formulierte: „Ich gehe abermahl schwanger und liege in Kindesnöthen, krächze am Stein ...“

Im Herbst 1539 machte sich die Pest wieder in Wittenberg bemerkbar, und Luther schrieb am 26. Oktober an Wenzeslaus Link, die Krankheit wie immer verharmlosend: „Bei uns fängt ein Pestchen an." Aber von einem „Pestchen" konnte keine Rede sein, denn in Wahrheit verlief sie weitaus schlimmer als ein Jahr zuvor. So war die Frau des Dr. Sebald schon an der Pest gestorben, und der Arzt selbst hatte sieben Pestbeulen, wie wir es dem Brief an Link entnehmen können. Luther nahm sofort die vier Kinder dieser Eheleute in sein Haus.

Endlich – das Jahr 1540 brachte Luther nach vier schweren Krankheitsjahren eine Erholungspause. Sofort finden wir ihn wieder aktiv, er reist und predigt häufig auswärts. Am 30. März, in der Osterwoche, predigt er in Dessau bei der Taufe des Anhalterprinzen. Am 16. Juli finden wir Luther in Eisenach. Von dort schreibt er einen erfrischenden Brief an seine Frau: „Mein liebe Jungfer vnd fraw kethe! Ewr gnade sollen wissen, das wir hie (Gott lob) frisch vnd gesund sind, fressen wie die Behemen (doch nicht seer); sauffen wie die deudschen (doch nicht viel), Sind aber frolich. Denn vnser gnädiger Herr von Magdeburg, Bisschof Amssdorff, ist vnser tischgenosse."

Insgesamt gibt es Unerfreuliches aus diesem Jahr kaum zu berichten, und so kann Luther auch seinen vielfältigen Verpflichtungen in Wittenberg nachkommen, wie er am 3. September schrieb: „Obgleich sehr beschäftigt und jetzt ein Greis und weniger fest, so vicarire er doch für Bugenhagen. Justus Jonas und Cruciger seien krank ..."

Im Januar 1541 klagte Luther erneut über den „Fluss" am Bein, das am 6. wieder aufgebrochen war. Ebenfalls im Januar nahm ein nicht ausgeheilter Infekt bedrohliche Formen an, und Luther klagte zunächst über Halsbeschwerden. Offenbar handelte es sich um einen Halsabszeß, der sich spontan entleerte, aber wohl nicht abheilte, denn die katarrhalischen Symptome im Rachen- und Nasenbereich hielten den ganzen Winter über an, bis sie schließlich am 10. April kumulierten und sich über eine tubogene

Infektausbreitung links eine akute, äußerst schmerzhafte Otitis media entwickelte, nachdem schon zuvor „viel Ausfluß, Schleim und Katarrh durch Hals und Nase" gekommen waren. Einen Tag später entleerte sich spontan „übelriechender, gelblicher und blutiger Eiter" aus dem Ohr. Am 12. April, nachdem die akuten Beschwerden im Abklingen waren, schrieb Luther an Melanchthon: „Unterdessen gibt es im Kopf Stürme aller Meere und Bäume, so daß ich nur dann etwas höre, wenn mich jemand laut anschreit..." Die Schwerhörigkeit blieb noch längere Zeit, bis Anfang Mai, bestehen, denn am 29. April schrieb Luther an Melanchthon: „Ich fange an, etwas weniger taub zu sein; doch sehe ich, daß ich ein kalter und unnützer Cadaver bin, dem allein das Grab übrig bleibt." Am 1. Mai wendet sich Luther an Cruciger in Regensburg: „Doch schlafe ich die gewöhnliche Stunde und esse nach gewohnter Art. Vielleicht macht Satan auf Zeit seine Badereise."

Über die akute Mittelohrentzündung gibt es weiter nichts zu sagen. Es war ein ganz normaler Infekt, dessen Heilung sich aus leicht einsehbaren Gründen im 16. Jahrhundert schwieriger und langwieriger gestaltete als etwa heute, weil es kaum symptomatische, erst recht keine kurativen Behandlungsmethoden gab. Ebstein brachte die mit der Krankheit „verbundene hochgradige Schwerhörigkeit", wobei er auf eine doppelseitige Mittelohrentzündung schloß, in Verbindung mit dem schon über Jahre bestehenden chronischen Ohrensausen. Dieser Katarrh konnte für Ebstein auch die Ursache der „überaus häufigen Schwindelanfälle" sein, wobei der Verfasser aber noch andere Gründe gelten läßt. Demnach hätten wir mit dieser Mittelohrentzündung zugleich das Vollbild eines Menière vor uns. Diese beiden Krankheiten konnten bestenfalls nebeneinander bestanden haben, hatten aber miteinander nichts zu tun.

Am 17. Juli, nach einem etwa zehnwöchigen beschwerdefreien Intervall, wurden abermals heftige „Hüftschmerzen" beschrieben, denen in der darauffolgenden Nacht ein ziemlich qualvoller Steinabgang folgte. Am 20. Juli klangen die Beschwerden ab. Die zweite Jahreshälfte verlief weit weniger dramatisch, und Luther war bei relativ guter Gesundheit.

Als im Januar 1542 die Beschwerden wieder stärker wurden und Luther aufs neue Todessehnsucht befiel, machte er am 6. des Monats zum zweiten Mal sein im Jahre 1546 vom Kurfürsten bestätigtes Testament. Am 1. Mai schrieb Luther an Menius: „Bitte Gott, dass er mir eine sanfte (Todes-)Stunde beschere. Ich habe genug gelebt, und ärgert sich der Teufel über mein Leben und ich mich über ihn."

1542 konnte Luther kaum noch predigen. Er litt im Wechsel an seinen Nierenkoliken und Kopfschmerzen, die nun zu seinen ständigen Begleitern wurden. Immer wieder quälten ihn die Koliken, die aber nie mehr die Intensität und Qualität von 1537 erreichten. Seinem ebenfalls steinleidenden Freund Justus Jonas gab er am 15. Mai den Rat: „Ferner musst Du eine strenge Diät einhalten, zumal gegen einen so hinterlistigen Feind. Mein bestes Mittel gegen die Steinbeschwerden ist unser Bier, das ist das günstigste, Urin treibendste Mittel ... dieses Bier ist vollständig die Königin aller Biere mit diesem Namen; dann sei sparsam mit dem Weine ..."

Im Jahre 1543 wurden die Kopfschmerzen, die ihn bis zu seinem Tode nicht mehr verlassen sollten, immer heftiger. Ebstein faßte dieses Jahr wie folgt zusammen: „... und im Jahre 1543 finden wir Luthers Befinden in einem so wechselnden Zustande und ihn selbst in einer so grossen Schwäche und Hinfälligkeit, dass er weder etwas schreiben, noch lesen konnte ..." Luther war körperlich so hinfällig und so geschwächt, daß er mit einem Wägelchen in die Kirche gefahren werden mußte. Die Last des Alters und die Beschwerden durch seine vielen Krankheiten drückten ihn nieder. Sein Aufbäumen gegen seine körperliche Hinfälligkeit, der er wehrlos ausgeliefert war, führte seit 1543 zu einer erhöhten Reizbarkeit mit solchen gefürchteten Zornesausbrüchen, daß der Umgang mit ihm immer schwieriger wurde und sich nur noch wenige danach sehnten.

Martin Luther. Nach einem Gemälde von Lucas Cranach d.Ä., 1553.
Aus dem Flügelaltar der Weimarer Stadtkirche

Am 20. Juni waren seine „Hausgenossen", die Koliken, wieder heimgekehrt zu ihrem Wirt, der kommentierte: „... ich bin steingeplagt und mit vielem anderen außerdem belastet. Ich habe genug, ich bin erschöpft ..." Am 13. Juli schrieb Luther über einen schweren Herzanfall, und er befürchtete außerdem, in eine Synkope zu fallen. Auch das war nur noch eine Fortsetzung dieser Beschwerden, denn in der Nacht vom 18. zum 19. Dezember 1536 hatte ihn ein Angina pectoris-Anfall sehr beängstigt, der schon damals nicht der erste gewesen war. Auch von einer Dysenterie ist in den Sommermonaten wieder zu hören.

Am meisten aber quälten ihn die Steinbeschwerden, die wochenlang nicht von ihm ließen. Am 27. August erwähnte Melanchthon in einem Brief an Friedrich Myconius, daß Luther wieder an einem „calculus" leide. Medikamente und die Hausmittel seiner Frau bewirkten gar nichts.

An Luthers schweren Krankheiten nahm inzwischen die ganze protestantische Welt besorgt Anteil. So schickte ihm der Herzog Albrecht von Preußen weißen Bernstein, der angeblich die Steinbildung verhindern sollte. Der Nürnberger Arzt Dr. Johannes Magenbuch sandte ihm stärkende Pillen, und auch die Gräfin Dorothea von Mansfeld ließ ihm zur „Stirgkung des leibes" selbstgefertigte Arzneien überbringen – aber alles ohne die erhoffte Wirkung.

Am 13. September schrieb Hieronymus Besold an Veit Dietrich: „... wurde er vom Stein sehr gequält, so sehr, daß man glaubte, er werde sterben müssen und daß er veranlaßte, mitten in der Nacht Philippus (Melanchthon) zu holen ..." Die Kopfschmerzen wurden indessen immer unerträglicher, für mich ein weiterer Hinweis, daß Luther zu dieser Zeit längst einen Bluthochdruck hatte.

Schließlich akzeptierte er Ratzebergers Empfehlung, ein „künstliches Hautgeschwür", eine Fontanelle, am linken Bein zu setzen, die nach den Vorstellungen der damaligen Zeit der „Ableitung böser Körpersäfte" dienen sollte. Die Mansfelder Gräfin hatte sich zwar unmißverständlich gegen dieses Vorhaben ausgesprochen, dennoch wurde die Fontanelle am 23. November durch den Wittenberger Barbierchirurgen Andreas Engelhard gesetzt. Es heißt, daß Luther sich danach besser, freier im Kopfe fühlte und sorgsam darauf achtete, die Fontanelle nicht verschorfen zu lassen. Zum Offenhalten des artifiziell gesetzten Hautdefektes benutzte Luther einen Ätzstift, der aus ungelöschtem Kalk und Pottasche zubereitet wurde. Da Luther aber bis zu seinem Tode, letztlich mit und ohne Fontanelle, an Kopfschmerzen gelitten hat, dürfte das Vorliegen eines Hypertonus doch wohl der Hauptgrund dafür gewesen sein.

Luther ist müde und restlos verbraucht und schreibt am 7. November an Amsdorf: „Ich sehne mich so ausserordentlich darnach, Dich noch einmal zu sehen vor meinem Ende ..." Kanzel und Katheder konnte er nur noch betreten, wenn man ihn mit einem Wagen in die Kirche und in seinen Hörsaal zog.

Werfen wir einen Rückblick auf das Jahr 1543 und auf einige zurückliegende Jahre und betrachten vor diesem Hintergrund Luthers zunehmende Zornesausbrüche und Unbeherrschtheiten,

seine teilweise unverständlichen, ja erschütternden Verhaltensweisen und Äußerungen, dann wird deutlich, welche tiefen Spuren
viele Krankheiten bei ihm im psychischen Bereich hinterlassen
haben.

Um Martin Luther in seinen letzten Lebensjahren besser zu
verstehen, um ihm gerecht werden zu können, bedarf es nach
meiner Meinung unbedingt einiger Kenntnisse aus seiner Krankengeschichte, da er ansonsten ungerecht behandelt und falsch
beurteilt werden könnte und ja auch häufig genug worden ist.
Luther war weit entfernt von einer endogenen Psychose, die ja
viele allzugern bei ihm erkennen wollten. Seine Verstimmungen
waren für mich ohne Zweifel reaktiver Natur. Es wäre in Kenntnis
seiner Krankheitsgeschichte fast ein Wunder gewesen, wenn seine
somatischen Leiden psychisch spurlos an ihm vorübergegangen
wären. Daß seine Unbeherrschtheiten und Depressionen zumindest in demselben Maße theologische Gründe hatten, wird gern
eingeräumt, womöglich behielten sie ständig die Priorität.

Am 26. Januar 1544 schreibt Luther an Amsdorf, den er in Zeitz
besuchen möchte, daß er „... hinlänglich genug am ganzen Körper
gekräftigt und nur der Kopf noch nicht stark genug ist", obgleich
er wieder predigt, liest, steht und geht. Der Sommer 1544 geht bis
auf Luthers Schwäche und Müdigkeit ohne nennenswerte Krankheiten ins Land. Nach einer Notiz des Wittenberger Predigttage-
buches konnte Luther am 19. Oktober wegen einer Nierenkolik
die Kanzel nicht betreten.

Über sein Befinden im Dezember schrieb Melanchthon später:
„Doktor Martin Luther rief mich ein Jahr vor seinem Tode zu sich,
frühmorgens etwa um die zweite Stunde. Zufällig war ich gerade
aufgestanden, ich gehe zu ihm und frage, was los sei. ‚O', sagte er
‚ich habe große, gefährliche Schmerzen'. Ich fragte, ob es der Stein
sei. Er antwortete: ‚Nein, es ist jetzt etwas Schlimmeres als der
Stein'. Ich fühlte den Puls, der gut war. Ich sagte: das Herz ist in
Ordnung, es ist nicht apoplektisch. Dagegen sagte er: ‚Ich fühle
eine große Beengung um das Herz; dennoch spüre ich nicht, daß
das Herz gelähmt ist, auch habe ich nichts Unrechtes am Puls festgestellt'. Also argumentierte ich, es kann nichts sein, außer einer
Flüssigkeit, die im Magenmund aufsteigt; von daher kommt die

starke Beengung." Womöglich erlitt Luther damals einen weiteren Angina pectoris-Anfall.

Am 27. Dezember beabsichtigte Luther, von Leipzig aus Nikolaus von Amsdorf zu besuchen und war der Meinung: „... denn mein Kopf und meine Beine sind für mein Alter fest genug. Ich habe zweimal in diesen Festtagen ohne alle Schwierigkeit und Beschwerde gegen mein und Aller Erwarten gepredigt." Also war 1544 für Martin Luther doch eher ein erträgliches Jahr.

Aber bereits in den ersten Monaten 1545 setzten erneut Herzaffektionen ein, die sich bis zu seinem Tode häufig wiederholten. Im Januar bezeichnete sich Luther als „alt, abgelebt, träge, müde, kalt und nun gar einäugig", sicher ein Hinweis auf einen grauen Star. Gleichzeitig aber klagt er über Kopfschmerzen, Schwindel und Ohrgeräusche.

Mißmutig, verdrießlich, aufs äußerste gereizt, beschimpft er am 7. Juni die Wittenberger Gemeinde wegen ihres schlechten Gesangs, um eine Woche später am 14. Juni ostentativ den Gottesdienst wegen der zu langen Predigt Bugenhagens zu verlassen. In der Nacht vom 14. zum 15. Juni wird Luther durch eine erneute Nierenkolik geplagt und schreibt an Amsdorf: „In der vergangenen Nacht habe ich nicht geruht noch geschlafen wegen der Schmerzen durch meinen Schinder und Satan, den Stein. Deshalb bin ich den ganzen Tag zu nichts tauglich. Noch ist er nicht abgegangen, sondern hält sich in meinem Körper verborgen, doch nicht ohne sich bemerkbar zu machen, jener Stachel meines Fleisches, ich weiß nicht, wann ich diesen hassenswerten Fötus werde herausbringen können. Ich wünsche zu sterben." Nach einem Brief Melanchthons brachte Luther jedoch noch am selben Tag „diesen hassenswerten Fötus" zur Welt, und Besserung trat ein.

In zunehmendem Maße war der Reformator über die Wittenberger und seine Mitmenschen enttäuscht und wurde immer verhärteter und auch ungerechter, denn ausreichende Gründe dafür gab es kaum. Luther verläßt Wittenberg, reist nach Zeitz, von wo aus er am 28. Juli seiner Frau mitteilt, daß er nicht mehr nach Wittenberg zurückkehren werde, dann weiter nach Leipzig, von dort nach Merseburg und Halle, um am 12. August wieder in Leipzig einzutreffen. Und überall wird gepredigt. Um ihn zur

Rückkehr zu bewegen, hatte sein Kurfürst Matthäus Ratzeberger nach Leipzig gesandt. Und die Mission des Leibarztes war erfolgreich, so daß der Reformator am 18. August wieder zu Hause eintraf. Sein Mitstreiter Caspar Cruciger bemerkte sicher treffend zu diesem „Fluchtversuch" Luthers: „Er war aufgebracht über eine unbedeutende Sache oder aus Argwohn, den er – ich glaube, gegen uns alle gefaßt hatte." Mißtrauen, Argwohn, Resignation und Angriff waren längst zu Haltungen geworden und gestalteten den Umgang mit Luther immer problematischer.

Am 19. August schreibt Luther an Amsdorf: „Ich kam endlich am 18. August nach Hause, so voll Steinen, dass ich heute noch nicht einmal von allen frei bin ..." Nach allen Zeugnissen scheint die Geschichte seines Nierensteinleidens mit diesen Koliken zu enden. Ratzeberger hatte Luther noch einmal von der therapeutischen Wichtigkeit einer offengehaltenen Fontanelle überzeugt. Aber es ist unbekannt, ob diese Manipulation noch zur Ausführung gekommen ist. Ratzeberger, seit 1538 Leibarzt des Kurfürsten Johann Friedrich, hat sich in Luthers letzten Lebensjahren sehr um das Ergehen des Reformators verdient gemacht. In den schweren Krankheitsjahren 1541, 1542 und 1545 kam er oft tagelang von Torgau nach Wittenberg, um Luther mit seinem ärztlichen Rat beizustehen.

Das Jahr 1545 ging zu Ende, aber noch am 14. Oktober reiste der altersschwache Luther gemeinsam mit Melanchthon nach Mansfeld, um im „Mansfelder Sauhandel" zu vermitteln, das heißt, einen Vergleich zwischen seinen alten Landesherren herbeizuführen. Da Melanchthon erkrankte, mußte die Reise abgebrochen werden.

Anfang Januar 1546 geht es Luther schlecht. Seine trübe Stimmung können wir einem Brief entnehmen, den er am 8. an Amsdorf schrieb. Dennoch predigt er bisweilen, am 17. Januar zum letzten Mal in Wittenberg. Da die Mansfelder Sache nicht erledigt werden konnte, erwarteten die streitenden Grafen den Besuch Luthers in Eisleben. Luthers Kurfürst stand der Reise

Justus Jonas. Nach einem Gemälde von Lucas Cranach d.Ä., 1543

skeptisch bis ablehnend gegenüber wegen des schlechten Gesund-
heitzustandes seines Professors. Auch Luther selbst empfand, daß
er mit dieser Reise überfordert war. Am 20. Januar sah er Philipp
Melanchthon, Caspar Cruciger und Johannes Bugenhagen zum
letzten Mal, als sie zu Abend bei ihm aßen.

Am 23. Januar abends (nach einer anderen Übermittlung am
24. früh) brach Luther auf zu seiner Reise nach Eisleben, diesmal
in Begleitung von seinen drei Söhnen, seinem Famulus Ratfeld
und seinem Diener Ambrosius. Statt Melanchthon, der noch
immer kränkelte, begleitete ihn nun Justus Jonas.

Die Reise bei winterlicher Kälte war für den stark geschwächten
62jährigen Reformator eine einzige Strapaze. Der Wechsel zwischen Kälte und feuchtem Tauwetter, das Treibeis auf der Saale, die
halbgefrorenen, ohnehin schlechten Straßen machten ihm erheblich zu schaffen, und es ging ihm ausgesprochen schlecht. Zudem
hatte Luther, wie so oft, seine Medikamente und sonstige Mittel
gegen seine Krankheiten in Wittenberg vergessen.

Übernachtet wurde in Bitterfeld und in Halle, wo er sich wohler
fühlt und am 25. an Katharina schreibt: „Nicht daß uns danach
dürstet zu trinken; wir nehmen dafür gut Torgisch Bier und guten
Rheinischen Wein, damit laben und trösten wir uns dieweil, ob die
Saale heute wollte auszörnen…" Am 26. Januar predigt Luther in
der Hallenser Frauenkirche. Die Überfahrt über die Saale am
28. Januar war, wie Küchenmeister schreibt, nicht ohne Lebensgefahr für ihn. Aber noch am selben Tag traf er in Eisleben ein. Kurz
vor seiner Geburtsstadt stieg er vom Wagen, um eine Strecke zu
Fuß des Wegs zu gehen, und geriet dabei tüchtig ins Schwitzen.

Diese Anstrengungen waren nicht spurlos an ihm vorübergegangen, und schon während der Reise verspürte Luther ein Kälte-
und Schweregefühl des linken Arms und „eine Compression des
Herzens und gleichsam Erstickungsnoth" – die klassischen
Zeichen eines Angina pectoris-Anfalls. Am 1. Februar schrieb er
aus Eisleben an Melanchthon folgenden Brief: „Auf dem Wege
ergriff mich gleichzeitig eine schwere Synkope und dann jene
Krankheit, die Du ‚humor' des Magens (tremorem ventriculi, also
korrekt – Magenzittern, d. Verf.) zu nennen pflegst…Ich ging
nämlich zu Fusse…so daß ich in Schweiss kam…Dadurch bekam

ich eine Compression des Herzens und gleichsam Erstickungsnoth ..." Brustbeklemmungen und „Beängstigungen" um das Herz
hatte Luther in seinen letzten Lebenstagen häufig.

Während er in den Briefen an seine Frau seinen bedenklichen
Gesundheitszustand verharmloste, sprach er sich seinen Freunden
gegenüber offen über sein schlechtes Befinden aus. In einem
Bericht Kaweraus heißt es über Luthers Zustand: „Deshalb brachte
man Luther krank und ganz ermattet nach Eisleben."

An Katharina schreibt der Reformator jedoch unbekümmert:
„Liebe Kethe! Ich bin ja schwach gewesen auf dem Weg hart vor
Eisleben, das war meine Schuld..." Den kalten Wind empfindet er,
„...als wollt mirs das Hirn zu Eis machen. Solchs mag mir zum
Schwindel etwas geholfen haben...Ich trinke Neumburgisch Bier,
fast des Schmacks, den du von Mansfeld mir etwa hast gelobet. Es
gefällt mir wohl, macht mir auch des Morgens 3 Stühle in 3 Stunden..." Außerdem erfahren wir in diesem Brief, daß er während
der Reise wieder unter Schwindel litt.

Anfang Februar geht es Luther scheinbar besser. Am 6. schreibt
er Katharina: „Sonst haben zu fressen und saufen gnug, und
hetten gute tage, wenn der verdrewsliche handel thet..." Aber
Katharina, fernab von Eisleben, lebt in ständiger Sorge und Angst
um ihren Mann, der ihr am 7. Februar fast schroff mitteilt: „Las
mich zu frieden mit deiner Sorge, Ich hab einen bessern sorger,
denn du vnd alle Engel sind, der ligt ynn der krippen vnd henget
an der Jungfrawen Zitzen, Aber sitzet gleich wol Zur rechten hand
Gottes des allmechtigen Vaters. Darumb sey zu frieden, Amen...Wir
leben hie wol, Vnd der Rat schenckt mir zu iglicher malzeit ein
halbstubigen Reinfal, der ist seer gut. Zu weilen trinck ichs mit
meinen gesellen. So ist der land wein hie gut, Vnd Neumburgisch
bier seer gut, on das mich dunckt, es mache mir die brust vol
phlegmate mit seinem pech. Der Teuffel hat vns das bier ynn aller
welt mit pech verderbet Vnd bey euch den wein mit schwefel. Aber
hie ist der wein rein, on was des lands art gibt..."

Am 14. Februar schreibt Luther an Melanchthon: „Ich beeile
mich, abzureisen; und bin mehr als genug satt von diesen Sachen..."
Er hat Sorge, daß seine Fontanelle abheilt, und bittet seinen
Freund, ihm so schnell wie möglich einen Ätzstift durch einen

Boten zukommen zu lassen. Am selben Tag, also am 14. Februar, schreibt Luther an Katharina: „Wir hoffen, diese Woche heimzukehren, so Gott will." Es war Martin Luthers letzter Brief.

In ihm teilte er Katharina mit, daß seine Vergleichsverhandlungen mit den Mansfelder Grafen auf gutem Wege seien, daß beide wieder Brüder werden wollten und am Nachmittag bei ihm speisen würden. Luther scheint sich wohlzufühlen, denn er beschließt seinen Brief: „Wir haben hier zu essen und zu trinken, wie die Herren ... dass wir Euer wohl vergessen möchten zu Wittenberg ..."

Nach der Tischrede von Johannes Aurifaber vom Februar 1546 ahnte Luther seinen nahenden Tod, den er am Abend des 16. Februar so weissagte: „Anno 1546, am 16. Februar, als man zu Eisleben uber D. M. Luthers Tische viel vom Sterben und Krankheit redete, da sprach D. M. Luther: ‚Wenn ich wieder heim gen Wittenberg komm, so will ich mich alsdann in Sarg legen und den Maden einen feisten Doctor zu essen geben.' Und dieses wurde uber zween Tage wahr, daß Doctor Martinus Luther allda zu Eisleben sturbe."

Seine Mission und sein Werk konnte er erfolgreich abschließen. Aber die Anstrengungen hatten Luther so geschwächt, daß ihn die Grafen baten, am 17. Februar früh auf seinem Zimmer zu bleiben, da seine große Schwäche für jedermann erkennbar war. Daran änderte sich im Verlauf des ganzen Tages nichts. Am Abend verließ er seinen Raum, um mit den anderen zu speisen. Aber es hielt ihn dort nicht lange, und bald suchte er seine Zimmer wieder auf, wohin ihm Martin und Paul, seine beiden Söhne, und Michael Coelius folgten. Auch Johannes Aurifaber ging hinauf. Luther hatte sich unterdessen hingelegt, und plötzlich sagte er: „Mir wird aber weh und bange wie nie zuvor, um die Brust." Während Aurifaber zur Gräfin eilte, um Stärkungsmittel herbeizuschaffen, betrat auch Justus Jonas Luthers Kammer, der schwer über Brustbeklemmungen klagte. Darauf rieb man ihn, wie gewöhnlich in solchen Fällen, mit warmen Tüchern ab, was Luther als wohltuend empfand. Aurifaber kam indessen mit dem Grafen Albrecht, der Luther das Einhorn (das Mittel entsprach in seiner Wirkung dem Hirschhorn und war nach Küchenmeister hier am Platz) brachte, es abschabte und dem Kranken davon zwei Löffel, mit Wein getränkt, verabreichte.

Totenbildnis Luthers.
Nach seinem Ableben von
dem Hallenser Lucas
Furtenagel gezeichnet

Gegen 21 Uhr schlief Luther ruhig ein. Als er nach eineinhalb Stunden erwachte, stand er auf, ging in die Nachbarkammer und legte sich in das angewärmte und bereitete Bett. Dabei reichte er allen die Hand und bat Justus Jonas und Michael Coelius, für „unseren Herrgott und sein Evangelium" zu beten. Jonas, seine beiden Söhne und sein Diener Ambrosius blieben bei ihm. Bis ein Uhr morgens schlief Luther ruhig und fest. Als er erwachte, spürte er wieder jene Brustbeklemmungen und ein eigenartiges Frösteln und sprach zu Justus Jonas: „Ach, Herr Gott, wie ist mir so wehe; ach, lieber Dr. Jonas, ich achte, ich werde hie zu Eisleben, da ich geboren und getauft bin, bleiben." Dann stand er auf, ging durch die Kammer und legte sich, immer über sein Herz klagend, aufs Sofa. Abermals wurde seine Brust mit warmen Tüchern abgerieben. Luther begann zu schwitzen und sprach: „Ja es ist ein kalt

Todtenschweiss, ich werde meinen Geist aufgeben, denn die Krankheit mehret sich."

Alsbald erschienen die herbeigerufenen Ärzte Dr. Ludwig und Dr. Simon Wild, während sich auch Coelius, Aurifaber, Graf Albrecht und die Gräfin eingefunden hatten mit vielen Gewürzen und anderen Mitteln, um Luther zu stärken und zu helfen. Aber Luther befiel Todesangst, und er sagte: „Mir ist sehr weh und angst, ich fahre dahin; ich werde nun wohl in Eisleben bleiben."

Dann befahl er sich seinem Herrn, sprach lateinisch den Vers aus dem Johannesevangelium: „Also hat Gott die Welt geliebt, daß er seinen eingeborenen Sohn gab, auf daß alle, die an ihn glauben, nicht verloren werden, sondern das ewige Leben haben", und betete aus dem 68. Psalm. Darauf wurde er still, beängstigend still. Man suchte ihn mit kaltem Wasser und durch Rütteln wach zu machen, er aber lag ruhig und mit geschlossenen Augen da und antwortete nicht mehr. Am 18. Februar 1546 starb Martin Luther in seiner Geburtsstadt Eisleben in der dritten Morgenstunde.

Es gibt mehrere Berichte über seine Sterbestunde, am glaubwürdigsten scheint mir der zu sein, den Justus Jonas, Michael Coelius und Johannes Aurifaber verfaßten. Danach „...konnte Niemand merken etwas Unruhe, Qualen des Leibes oder Schmerzen des Todes, sondern er entschlief friedlich und sanft im Herrn, wie Simeon singet".

Die anwesenden Ärzte stritten noch an Luthers Sterbebett über die Todesursache. Sie vermuteten einen „Schlagfluß" (Schlaganfall) oder einen „Katarrh der Luftwege". Melanchthon sprach in seiner Grabrede von einem Cardiogmus , während Ratzeberger das Zuheilen der von ihm gesetzten Fontanelle für Luthers Tod verantwortlich machte. Alberti meinte 1750, eine Angina pectoris und eine Kreislaufinsuffizienz seien die Todesursachen gewesen, und kam damit nach meiner Ansicht der Wirklichkeit sehr nahe. Andere Autoren sahen die Ursache vordergründig in den Folgeerscheinungen seiner Nierenschädigung durch das bekannte Steinleiden.

Da eine Obduktion Luthers nicht erfolgte, sind wir natürlich auf Vermutungen angewiesen. Die nachträgliche exakte Erkennung der zum Tode führenden Krankheit(en) ist schwierig und mit Unsicherheiten behaftet. Ich denke aber, daß sich in Anbetracht der Vorgeschichte der Schluß aufdrängt, daß Martin Luther an einem Herzinfarkt gestorben ist.

Wir wissen, daß Luther schon länger an Angina pectoris-Anfällen litt, besonders häufig aber auf der Reise nach und während des Aufenthaltes in Eisleben, wobei man das Vorliegen einer Koronarsklerose fast als gesichert ansehen kann, für die es viele Ursachen geben konnte. Die Wahrscheinlichkeit der vorzeitigen Entstehung einer Arteriosklerose sowie des kardiovaskulären Risikos ist bei einer Adipositas und einer Gicht immer erhöht. Ein Hypertonus, dessen Vorliegen man zwar vermuten, nicht aber mit derselben Sicherheit belegen kann wie seine Gicht und seine Adipositas, wirkt sich gleichermaßen ungünstig aus.

Die Beschwerden im Verlauf seines letzten Lebenstages mit ständigen Herzbeklemmungen, einem Engegefühl in der Brust und ausstrahlenden Schmerzen in den Arm sind ein weiterer Hinweis auf Luthers Todesursache. Immer wieder klagte er in den Abendstunden über seine Brustbeklemmungen, und so bestand die Behandlung ja auch überwiegend in Abreibungen mit warmen Tüchern. Bei dieser Vorgeschichte, die sich im Laufe des 17. Februars dramatisch zuspitzte – Luther klagte besonders in den Abend- und Nachtstunden über eine Einschnürung des Herzens, Schwäche im Arm und über Erstickungsnot –, sind für mich alle Symptome gegeben, die für einen Herzinfarkt sprechen.

In der Schloßkirche zu Wittenberg, wohin er überführt wurde, ist Martin Luther beigesetzt worden.

Luther war nach einem Leben voll gebender Kraft und Stärke so ausgebrannt und leer, so von Krankheiten geschüttelt, daß er den Tod als Erlösung empfand und ihn schon lange herbeisehnte, bevor er am 18. Februar 1546 eintrat. In seiner Rede am Grabe Luthers am 22. Februar 1546 sagte Philipp Melanchthon: „...wirft man Luther vor, er sei manchmal zu hart und rauh im Schreiben gewesen, so sagen wir mit Erasmus: Wegen der Größe der Krankheit hat Gott einen scharfen Arzt geschickt. Gegen die mächtigen und übermächtigen Feinde der Wahrheit mußte ein solcher Streiter erscheinen...", und er fuhr fort: „...dazu (er uns) alle wie ein Vater herzlich geliebt hat, aus diesem Leben und unserer Mitte und Gesellschaft hinweggefordert und abgeschieden ist, des tragen wir billig Kummer und Schmerzen. Denn wir sind nun ganz wie arme verlassene Waisen, so einen trefflichen Mann zum Vater gehabt und deß beraubt sind …"

Exkurs:
Luther als Gegenstand
der Psychoanalyse

1874 stellte Bruno Schön bei Luther verschiedene Formen von Wahnsinn fest, wie er sie als Irrenhauskaplan zur Genüge kennengelernt hatte. Berkhan leitete 1881 aus Luthers angeblichem Wurf mit dem Tintenfaß nach dem Teufel eine Psychose bei dem Reformator ab und schrieb: „Das sind die nervösen Beschwerden, die Dr. Luther gehabt, so weit ich dieselben zusammenzustellen vermochte: zeitweise Gemüthsverstimmung und Präcordialangst, Schwindel, Ohrensausen und auch Sinnestäuschungen, auf Fluxionen beruhend, welche durch eine außergewöhnliche geistige Tätigkeit veranlaßt waren." Heinrich Denifle, ein Dominikaner, und der Jesuit Hartmann Grisar betrachteten Luther zu Beginn unseres Jahrhunderts ebenfalls aus der Sicht der Psychopathologie. Prompt folgte Einspruch, vor allem von Möbius und Mönkemöller. Aber auch Möbius war noch der Meinung, daß Luther eine leichte Form manisch-depressiven Irreseins hatte, so daß der gesamte Meinungsstreit so von Emotionen und vor allem auch von Vorurteilen überlagert war, daß jede Sachlichkeit in dieser Auseinandersetzung vermißt wird.

Als Reiter 1941 seine Lutherdarstellung herausgab, war die Verwirrung komplett, da er als Arzt – er war Psychiater – Luther für einen Geistes- oder Gemütskranken hielt, mit einer endogenen Zyklophrenie behaftet. Seine Bücher – es waren zwei Bände – riefen besonders den Widerspruch dänischer Theologen auf den Plan, die sich in die Zeit der umstrittenen Grisar-Darstellung von 1911/1912 zurückversetzt fühlten. In Deutschland nahm man, wohl wegen des Zweiten Weltkrieges, kaum Notiz von Reiter, der insgesamt ein schwaches Echo fand, wahrscheinlich wegen der zu absurden Ergebnisse.

1958 veröffentlichte Erwin Mülhaupt eine Zusammenstellung von Luthers Predigten, Schriften und Briefen aus seinen schweren Krankheitsjahren, die Alfred Dieck zwei Jahre zuvor mitgeteilt hatte. Die Fülle seines Werkes aus dieser Zeit verrät nicht im mindesten die Spur von einer Antriebsarmut, die man bei einer endogenen Depression an sich erwarten müßte.

Eine Stellungnahme zu Reiters Darstellung erschien bereits im Jahre 1956 von Eberhard Grossmann, von Haus aus Theologe und Arzt. Grossmann schrieb: „Es wird versucht, Luthers Persönlichkeit aus seinem Werk und aus zeitgenössischen Mitteilungen zur Frage zu analysieren, ob er (Luther) an einer endogenen Zyklophrenie gelitten hat. Es läßt sich jedoch bei Luther keine echte und anhaltende Synchronizität von depressiver Verstimmung und Antriebsverlust (zumal nicht in den entscheidenden Jahren 1527 und 1528) nachweisen. Eine organisch-endogene Zyklophrenie kann daher heute nicht, auch nicht in leichter Verlaufsform, gesichert werden..." Diese Aussage Grossmanns fand eine weitere Bestätigung in der zwei Jahre später erschienenen Arbeit Mülhaupts.

Für Reiter war Luther nicht nur ein Gemütskranker, sondern womöglich auch ein Syphilitiker und Alkoholiker. Für die Annahme einer Syphilis führt Reiter einen Brief des Ulmer Arztes Wolfgang Rychardus an dessen Freund Johannes Magenbuch vom 11. Juni 1523 an. Rychardus hatte lediglich den Verdacht auf eine Lues geäußert, da Luther ohne ersichtliche Ursache um diese Zeit kränkelte und man damals sehr schnell in solchen Fällen das Augenmerk auf die „Franzosenkrankheit" lenkte. Natürlich ist die Beweislage mehr als dürftig, und Reiter selbst mußte einräumen, daß eine hieb- und stichfeste Bestätigung für seine Vermutung fehlte. (Wir haben gesehen, daß 1523 wiederholt Magenbeschwerden auftraten, daß Luther an Kopfschmerzen, an Schwind elanfällen und Sausen und Brausen im Kopfe litt.)

Weiterhin glaubte Reiter bei Luther einen „Alcoholismus chronicus mässiger Art" erkannt zu haben, wofür er aber ebenfalls keine überzeugenden Argumente bringen kann. Luthers reiche literarische Hinterlassenschaft, die Ausdauer und Nachhaltigkeit seines Wirkens sowie sein zielgerichtetes Denken in Wort und Schrift bis an sein Lebensende sprechen gegen eine solche Annahme.

Becke wies 1981 in seiner Dissertation über die psychoanalytischen Lutherstudien aus einem Zeitraum von 450 Jahren auf die Bedeutung des zeitlichen Abstandes der Publikationen zum Reformationszeitalter hin und auf den daraus resultierenden eingeschränkten Stellenwert der zeitbedingten Interpretationsansätze.

Luthers Stimmungslabilität hatte für mich keinen nachweisbaren psychotischen Hintergrund. Sie entspricht eher, sehen wir von den vielen möglichen Ursachen seiner somatischen Krankheiten, insbesondere von der ständigen Angst vor Wiederholungen seines Menièreschen Anfallsleidens einmal ab, der von Bleuler 1975 beschriebenen Zyklothymie als ganz normaler Persönlichkeitsvariante, „... bei der Zeiten von unternehmungslustiger Euphorie abwechseln mit solchen trüberer und weniger leistungsfähiger Gemütslagen". Die für krankhafte Depressionen typischen „wahnhaften wirklichkeitsfremden Überzeugungen von eigener Sünde und eigenem Niedergang" lassen sich nicht mit den von Luther bekannten Äußerungen über seine ihn belastende Sündhaftigkeit in Einklang bringen, da Luthers Handeln sich immer vor einem realen religiösen Hintergrund vollzog. So war dieses Problem nach dem Durchbruch seiner reformatorischen Bewegung dann auch folgerichtig nie mehr die Ursache seiner melancholischen Verstimmungen, die weit mehr theologischen Ursprungs und eine Folge seiner vielen somatischen Krankheiten waren. Beintker hat sich völlig zu Recht 1954 dagegen ausgesprochen, Luthers religiöse Anschauungen „psychologisch einzuordnen und entsprechend auszuwerten". Die Psychologen wären gut beraten, bei ihrer Beschäftigung mit Martin Luther religiöse „Vorstellungen und Erfahrungen grundsätzlich zuzugestehen".

Selbst in den von Reiter beschriebenen typischen Depressionsphasen – seine angeblichen „Haftdepressionen" auf der Wartburg und auf der Coburg sowie während seines „grossen Melancholieanfalls" von 1527 (wir wissen, daß Luther hier seinen ersten

Menièreschen Anfall erlitt) – zeigte Luther kaum eine verminderte Leistungsfähigkeit.

Junghans war 1985 der Meinung, daß Luthers Krankheiten auf der Veste Coburg von ihm überwiegend deshalb so demonstrativ herausgestellt wurden, weil sie ihn einfach störten und in seiner Schaffenskraft behinderten. Für Junghans waren sie Ausdruck eines ständig überlasteten Mannes – keine Spur von „Haftdepression" wie bei Reiter –, „der jede körperliche Schwäche schmerzlich empfand und leicht zu verallgemeinernd schilderte, weil sie ihn hinderte, die hohen Anforderungen zu erfüllen, die er an sich selbst stellte".

Bei der Beurteilung einer historischen Persönlichkeit muß bedacht werden, daß die Ursachen ihrer einzelnen, oft schwer durchschaubaren Verhaltens- und Handlungsweisen ein sehr komplexes Geschehen darstellen. Bei Martin Luther waren gesellschaftlich-soziale Zwänge, vor allem aber seine eigene Theologie, mit der er existentiell verbunden war, sowie seine kämpferische, aber auch seine sensible Natur eindeutig die bestimmenden Motive. Daß der Einfluß eines reduzierten Gesundheitszustandes aufgrund vieler organischer Krankheiten sein Verhalten wesentlich mitbestimmte, wird dagegen im Ernst niemand bestreiten wollen, weil derartige Erfahrungen von jedem Menschen gemacht werden.

Reiter mißt, wie kaum anders zu erwarten, den organischen Erkrankungen Luthers keine nennenswerte Bedeutung bei, da er sein Verhalten immer vor dem Hintergrund einer endogenen Psychose sieht. Ähnlich äußerte sich 1970 auch Erikson, dessen Beweisführung auf einer sehr einseitigen Auswahl und Interpretation von Fakten basiert. Daß solche Darstellungen in der Lutherforschung, aber auch in der Medizin keine Resonanz gefunden haben, kann nicht wunder nehmen. Den vorläufigen Gipfel dieser Vorurteile bildet für mich die in 2. Auflage 1985 erschienene Studie des Kölner Ordenspriesters Mock.

Aber auch Kawerau und selbst Ebstein kamen noch zu Beginn unseres Jahrhunderts in ihren Untersuchungen über die Auswirkungen von Luthers Krankheiten, die Ebstein ja bearbeitet hatte, wenn auch nicht im mindesten mit der Gründlichkeit Küchenmeisters, über psychische Verstimmungen bei Luther nicht hinaus. Ebsteins Feststellung, im Werk des Reformators keinen Einfluß seiner Krankheiten nachweisen zu können, halte ich für oberflächlich, zumal er jede tiefere Beweisführung vermeidet. Küchenmeister, dessen Monographie 27 Jahre älter ist, ist in dieser Hinsicht wesentlich tiefgründiger. Für ihn waren Luthers Verhärtung und seine Rücksichtslosigkeit gegen sich selbst und seine Umwelt eine Folge seiner vielen Erkrankungen. Er geht sogar so weit, daß er den fragwürdigen Begriff eines „morbus reformatorius", einer Reformatorenkrankheit, prägt – heute würden wir wohl von einer Managerkrankheit sprechen. Ob man nun diese Bezeichnung für treffend oder eher für unglücklich hält: Medizinisch nachvollziehbar an Küchenmeister ist, daß er in Luthers vielen organischen Krankheiten eine Mitursache für seine Änderungen im Verhalten und in seinem Werk gesehen hat.

(Einige weitere psychologische Aspekte wurden im Kontext der Entstehungsursachen von Luthers Krankheiten bewußt auf den Seiten 64 bis 66 abgehandelt.)

Mögliche Krankheitsfolgen – ein Diskussionsansatz

Nach Kenntnis der Krankengeschichte drängt sich die Frage auf, ob und in welchem Umfang Luthers Krankheiten einen Einfluß auf sein Verhalten und sein Werk genommen haben.

Ich stelle meine Ausführungen ganz bewußt zur Diskussion, da unbestritten ist, daß die Betrachtung und Beurteilung herausragender Persönlichkeiten aus medizinischer Sicht nur einen Aspekt des komplizierten und oft schwer durchschaubaren Geschehens herausstellen kann, weil die Verhaltensweisen der Menschen auch immer etwas Vages und Unberechenbares enthalten. Bei Martin Luther darf darüber hinaus nicht außer acht gelassen werden, daß seine Handlungsweisen und sein Verhalten ganz wesentlich bis dominierend von religiösen und theologischen Vorstellungen und Erfahrungen bestimmt wurden. Wenn daher beim Abwägen der Rangfolge der möglichen Einflüsse auf das Verhalten Luthers auch Zurückhaltung geboten ist, so sollte dennoch die Bedeutung von Gesundheit und Krankheit nicht unterschätzt werden.

Luthers viele Krankheiten gingen durchweg mit starken Schmerzen einher. Nicht selten nimmt das Schmerzerlebnis im Verhalten des Kranken eine destruktive Rolle ein. Die Schmerzverarbeitung zeigt sich bei diesen Menschen häufig in einer vagen, bilderreichen und dramatisierten Schmerzschilderung. Bei Luther war das durchaus der Fall. Seine Briefe waren angefüllt mit ausführlichen Beschreibungen über seinen schlechten Gesundheitszustand – sie waren oft die reinsten Klagelieder, hatten aber durchweg einen

154

realen Hintergrund. Die Antwort der Umwelt auf die Erkrankung ist für das Verhalten des Betroffenen ebenso wichtig wie seine eigene Haltung zu Krankheit und Schmerz. Was diese Seite anbelangt, so war Luther von einem verständigen und einfühlsamen Kreis umgeben. Auf seine Freunde konnte er sich stets verlassen.

Die Einstellung zur Krankheit ist historischen Wandlungen unterlegen. Noch zu Luthers Zeit wurde Krankheit als eine Strafe Gottes oder als ein Werk des Teufels gesehen – auch Luther sah das so. Für ihn waren seine vielen Krankheiten Anfechtungen des Satans. Am 2. Oktober 1530 schrieb er·von der Veste Coburg an Hans Honold in Augsburg über den Verursacher seiner Ohrgeräusche und Schwindelattacken: „Ich acht, es sei der schwarze zoticht Geselle aus der Höllen gewest, der mich in seinem Reich auf Erden nicht wohl leiden mag." Wie viele Briefzitate ähnlichen Inhalts haben wir gelesen! Wenn Luther auch die Faustschläge des Satans auf sein Fleisch verachtete, so war er doch von dessen Existenz zutiefst überzeugt.

Das Verhalten der Leidenden reichte oft von einem passiven Erdulden bis hin zum Negieren der Beschwerden. Diese unterschiedliche Einstellung zur Krankheit geht zurück bis in die Antike. Bekannt ist die stoische Deutung des Schmerzes als bloße Illusion bei Marc Aurel und die christliche Bejahung als Charisma der Läuterung bei Augustinus und später bei Pascal. Auf Luther traf weder das eine noch das andere zu, wenn ihm auch nichts als das Erdulden blieb. An sich verachtete er aber seine Krankheiten, die für ihn überwiegend eines nicht natürlichen Ursprungs waren.

Ich möchte im folgenden einige Verhaltensweisen Martin Luthers in Abhängigkeit von seinen Erkrankungen betrachten. Der Hebel bei einer Untersuchung derartiger Wechselbeziehungen ist besonders in Zeiten folgenreicher historischer Ereignisse anzusetzen, wenn die Parallelität von Krankheiten oder Krankheitsausbrüchen und konkreten Entscheidungen Rückschlüsse auf ein krankheitsbedingtes oder -verursachtes Verhalten zuläßt.

Daß das Leben des Reformators spätestens seit 1521 von vielen Krankheiten überschattet war, wissen wir. Ob diese Krankheiten sein Verhalten und Werk, seine Taten und Schriften beeinflußten, ist dagegen unsicher. Und genau darauf wird nach einigen Vorbemerkungen hier eine Antwort gesucht.

In Luther kündigte sich die Neuzeit an wie ein Vulkan, aus dem sich die in Jahrhunderten angestaute Kraft eines ganzen Volkes explosionsartig entlud. Daß ein solcher Mann nicht nur seine Zeitgenossen mitriß, sondern noch Generationen nach sich faszinierte und inspirierte, ist verständlich, denn im eigentlichen Sinne des Wortes war Martin Luther der Praeceptor Germaniae, ein Lehrer auf allen Gebieten. Über kaum eine historische Persönlichkeit ist dann auch folgerichtig bis in die jüngste Zeit hinein soviel debattiert und publiziert worden wie über Martin Luther. Die Fülle seiner literarischen Hinterlassenschaft, sein Wirken als Kirchenreformator, Sozialkritiker und Sprachschöpfer sowie seine führende Stellung in den turbulenten Ereignissen im Deutschland des 16. Jahrhunderts machen ihn, wie Lortz es formulierte, zu einem Ozean, in dem man ertrinkt.

Wer Luthers Krankengeschichte nicht kennt, vermutet hinter dieser kraftvollen, furchtlosen und glaubensmutigen Persönlichkeit die Inkarnation von körperlicher, geistiger und seelischer Gesundheit. Daß es so nicht war, wissen wir. Sein Riesenwerk und seine beispiellose Leistungsfähigkeit zwingen daher zu einem erneuten Überdenken seiner Krankheiten, insbesondere aber zur Überprüfung ihres möglichen Einflusses auf sein Verhalten und sein Werk, zumal einige beschriebene Erkrankungen bis heute nicht erkannt worden sind.

Was Luthers Krankheitsfolgen betrifft, so muß man zwangsläufig zwischen den Auffassungen aus evangelischer und katholischer Sicht unterscheiden, die sich teilweise diametral gegenüberstehen. Während evangelische Kirchenhistoriker und Lutherbiographen unschwer daran zu erkennen sind, daß sie Luthers Krankheiten mit dem Hinweis auf seine enorme Produktivität für unbedeutend halten, neigen viele katholische Lutherforscher eher zu einer Überbewertung ihres Einflusses und drücken damit seinem Werk den Stempel des Krankhaften auf. Nach meinen Studien liegt die Wahrheit in der Mitte. Die anschließende Betrachtung erfolgt sozusagen überkonfessionell allein aus medizinischer Sicht und entspricht daher am ehesten der eingangs erwähnten Forderung Lohses.

Welche Verhaltensweisen Luthers waren nach eigenen Studien krankheitsbedingt oder -mitbedingt? Wo sind sie unstrittig und direkt nachweisbar? Einige Ergebnisse verdanke ich der sorgfältigen Studie Norbert Erbens, der im Rahmen einer von mir angeregten und betreuten Dissertation die Auswirkungen der Krankheiten auf Luthers Leben und Werk untersucht hat.

Die erste Abhängigkeit seines Verhaltens von seinen Krankheiten ist im Zusammenhang mit dem Reichstag zu Worms zu diskutieren. Luther erreichte am 16. April 1521 in völlig desolatem Zustand Worms. Schon einen Tag später hatte er um 16 Uhr vor Kaiser und Reichsständen Rede und Antwort zu stehen. Bei diesem ersten Verhör sprach er „... mit gesenkter, leiser Stimme, als ob er entsetzt oder erschrocken wäre, mit wenig Ruhe in den Minen und Gebärden, auch wenig Gefälligkeit in seiner Haltung und in seinem Antlitz". Aufgefordert zu widerrufen, bat der unerschrockene und kämpferische Luther zur Überraschung aller Anwesenden, insbesondere seiner Anhänger, um Bedenkzeit, anstatt den Widerruf zu verweigern, wie zu erwarten war. Diese uns heute vielleicht nebensächlich anmutende Begebenheit, die aber so gar nicht in das Bild des mutigen Mannes passen wollte, hat die Gemüter seiner Zeitgenossen und späterer Lutherforscher nicht wenig bewegt und zu mannigfachen Spekulationen und Hypothesen geführt. Zum einen vermutete man in Luthers Haltung eine plötzliche Verzagtheit. Andere wollten in seinem Verhalten einen diplomatischen Schachzug erkennen, während eine dritte Gruppe seine Unentschlossenheit auf eine mangelhafte Vorbereitung Luthers auf dieses Verhör zurückführte.

Eingeräumt werden muß, daß die ungewohnte Reichstagsatmosphäre auf den Mönch Luther, der aus der Bescheidenheit einer Klosterzelle kam, ihre Wirkung nicht verfehlt haben wird. Aber eine plötzliche Verzagtheit als mögliche Ursache ist dennoch wenig überzeugend, denn Luther war längst kein gewöhnlicher Mönch, erst recht kein unbekannter mehr, den die Reichstagsatmosphäre so tief beeindrucken konnte, daß er an sich zu zweifeln begann. An „Welterfahrung" fehlte es dem Augustinerpater zu dieser Zeit weiß Gott nicht mehr. Er hatte sich schon in größere Gefahren begeben müssen, besonders in Augsburg, als er vor

Kardinal Cajetan stand. Auch fiel der Umstand ins Gewicht, daß Luther inzwischen in ganz Deutschland über großes Ansehen und Popularität verfügte und längst von breiten Volksschichten getragen wurde. Das Vertrauen seiner Anhänger zu ihm war grenzenlos, so daß Thomas Müntzer später meinte, ein möglicher Widerruf hätte eher Luthers Tod zur Folge gehabt als dessen Verweigerung. Luthers kämpferische Natur und sein zu dieser Zeit schon ausgeprägtes Selbstbewußtsein lassen sich mit einer plötzlichen Verzagtheit schwer in Einklang bringen. Einen diplomatischen Schachzug kann man gleichermaßen nicht erkennen. Für wen eigentlich sollte Luther diplomatisch gehandelt haben? Die kursächsische Diplomatie bedurfte eines solchen Schachzugs nicht – im Gegenteil: Sie war vor Kaiser und Reich wegen der Duldung Luthers schon verdächtig genug. Eine Verzögerungstaktik war daher nicht nur unangebracht, sie war auch gefährlich für ihn, in gewisser Weise auch für seinen Kurfürsten, der sich zwar diplomatisch bedeckt hielt – aber alle Welt wußte doch längst um seine Sympathien für Luther.

Von einer ungenügenden Vorbereitung auf das ihn in Worms erwartende Verhör konnte gleichermaßen keine Rede sein. Die Vorladung hatte sich zwar länger hingezögert, aber über die Bedeutung des Ausgangs der Reichstagsgespräche für seine neue Lehre war Luther sich natürlich voll bewußt. Entsprechend traf er seine Vorbereitungen, auch dieser Punkt ist nicht stichhaltig.

Es ist verwunderlich, daß eine sich förmlich aufdrängende Möglichkeit bislang unbeachtet blieb: nämlich Luthers restlose körperliche Erschöpfung als Folge seines schlechten Gesundheitszustandes auf der Reise nach und in Worms. Sein Roemheld-Syndrom und seine chronischen Obstipationen waren schon die Ursache dafür gewesen, daß Luther erst am letzten Tag vor Ablauf des ihm zugesicherten freien Geleits völlig erschöpft und entkräftet in Worms eintraf. Wenn Luther am 17. April um Bedenkzeit bat, dann waren ihm keine Zweifel an seiner religiösen Erkenntnis gekommen – im Gegenteil: Er war von seiner Überzeugung keinen Fingerbreit abgewichen. Gerade deswegen mußte er befürchten, daß er die für ihn so bedeutsame Verteidigung seiner neuen Lehre kräftemäßig nicht durchstehen würde. Ihm blieb nur das Nachsuchen um Bedenkzeit, wollte er wegen mangelnder physischer Widerstandskraft in diesem Kampf nicht der Unterlegene sein.

Für sein Ersuchen um Bedenkzeit am ersten Tag des Verhörs finden wir bei Luther selbst keine Erklärung. Seine Briefe während der Reise zum Reichstag spiegeln aber durchweg seinen schlechten Gesundheitszustand. Und während des Aufenthaltes in Worms litt er noch immer an solchen Herz-Kreislauf-Beschwerden, daß man ihn wiederholt zu Ader ließ, von seiner andauernden Hartleibigkeit ganz zu schweigen, das heißt, Luther ging es gesundheitlich in Worms noch ausgesprochen schlecht.

Hätte der Kaiser seiner Bitte um Bedenkzeit nicht entsprochen, so hätten Luthers Lehre und ihr Fortgang womöglich einen schweren Schaden genommen. Aber Karl V. zeigte sich generös und vertagte die Entscheidung auf den 18. In diesen 24 Stunden, in denen ihm Ärzte und Freunde hilfreich zur Seite standen, scheint Luthers Befinden sich gebessert zu haben. Nach einer Überlieferung seines Augsburger Freundes Conrad Peutinger, der Luther kurz vor seinem zweiten Verhör besuchte, war er wieder gefestigt und auch guter Dinge. Diese Mitteilung Peutingers ist eine weitere Bestätigung für sein schlechtes gesundheitliches Befinden am Tage zuvor.

Für mich war Martin Luthers unsicheres Auftreten am ersten Tag der Reichstagsgespräche die Folge seines schlechten Gesundheitszustandes, und damit die erste mögliche Abhängigkeit von seinen Krankheiten.

Ohne Frage war Luther während seines Wartburgaufenthaltes äußerst produktiv. Aber immer wieder wurden diese Phasen unterbrochen von Krankheiten, die ihn von seiner geistigen Arbeit abhielten, wie er es treffend an Spalatin schrieb: „Ich sitze wie benommen den ganzen Tag herum..." Fühlte Luther sich gesundheitlich besser, finden wir ihn geistig rege und schriftstellerisch produktiv. Die arbeitsarmen oder -freien Intervalle gingen immer parallel mit seinen Erkrankungen. Kaum findet man in Luthers Leben eine langandauernde Stagnation in seiner schöpferischen Tätigkeit, deren Ursache in einer Depression begründet wäre. Seine unfreiwilligen Arbeitspausen auf allen Gebieten seines Schaffens korrelierten grundsätzlich mit seinen körperlichen

Erkrankungen, daran änderte sich auch in seinen späteren Jahren nichts. Wie produktiv Luther trotz seiner Krankheiten auf der Wartburg war, ist schon beschrieben worden.

In eine weitere Beziehung zu seinen Krankheiten bringe ich Luthers Schrift „Wider die räuberischen und mörderischen Rotten der Bauern", ohne ihn damit rechtfertigen zu wollen. Ich stelle einfach den Umstand zur Diskussion, daß Luther, kurz bevor er seine Schrift verfaßte, wieder an seiner „alt Krankheit des Morbi Gallici" litt. Nachdem seine im April 1525 erschienene „Ermahnung zum Frieden auf die zwölf Artikel der Bauernschaft in Schwaben" ohne Echo geblieben war, schrieb Luther Ende April nach einer ergebnislosen Reise durch das Aufstandsgebiet seine Schrift gegen den „Bäurischen Uffruhr", wochenlang von Magenbeschwerden heimgesucht. Es wäre oberflächlich und wissenschaftlich haltlos, Luthers Schrift gegen die Bauern auf seine Krankheiten zurückführen zu wollen. Indessen ist nicht auszuschließen, daß die Art und Weise seines Eingreifens, die selbst seine Freunde abstieß, durchaus etwas mit seiner Krankheit zu tun haben konnte. Daß Luther Stellung gegen den „Uffruhr" bezog, entsprach natürlich seiner Grundhaltung und seinem theologischen Verständnis, aber seine Maßlosigkeit kann durchaus krankheitsmitbedingt gewesen sein.

Während Luther in seinen ersten Wittenberger Jahren in Wort und Schrift noch maßvoll formulierte, traten seine verletzenden Äußerungen, seine Ausfälle gegen Andersdenkende und seine teilweise abstoßende Polemik erst nach 1521 zutage, also nach dem Beginn seiner organischen Erkrankungen. Das ist nur eine Feststellung, noch keine Wertung. Bei seinen Universitätsreformen von 1514 bis 1518 zeigte Luther eine erstaunliche Behutsamkeit, und selbst die ersten Schriften im Ablaßstreit waren eher höflich, denn verletzend.

Luthers Werke strahlten Optimismus aus. Noch auf der Wartburg war er davon überzeugt, den Papst in zwei Jahren besiegt zu haben, und schrieb: „Das thun wir, szo wir getrost furt faren, wie angefangen ist, des Babst und der Papisten bubery und triegerey unter die leut treyben, mit reden und mit schreyben bisz das er ynn aller wellt blosz auffdeckt erkennet und tzu schanden werden."

Alles in allem war Luther im Vergleich zu seinen späteren Jahren noch gemäßigt, ging allerdings zunehmend mit den Gegnern seiner reformatorischen Bewegung nicht mehr zimperlich um. Schon während seines Wartburgaufenthaltes war dieser Wandel in seinen Schriften, soweit sie den Papst und seine Gegner überhaupt betrafen, unverkennbar. Ich habe bereits angeführt, daß Luthers frühe Schrift „Die Bulla vom Abendfressen des allerheiligsten Herrn, des Papstes, dem allerheiligsten römischen Stuhl zum neuen Jahre" mit zu den gröbsten Werken zählt, die je aus Luthers Feder kamen, auch wenn man den nicht gerade zartbesaiteten Stil der Zeit in Rechnung stellt. Ich führe das bewußt hier an, weil Luthers spätere Schmähschriften seit 1539 von einigen Autoren mit seinen angeblichen psychischen Krankheiten in Verbindung gebracht worden sind.

Für den Arzt ist diese Seite Luthers eine schwer zu beantwortende Frage, denn auch aus medizinischer Sicht macht man es sich zu leicht, seine auffallenden polemischen Schriften allein auf seine Krankheiten zurückzuführen, ohne den theologischen Hintergrund zu berücksichtigen. Ich bin zwar davon überzeugt, daß einige spätere Schriften Luthers unter dem Einfluß seiner schweren Krankheiten ihre besondere Schärfe und Maßlosigkeit im Ton erhielten, und werde darauf auch zu sprechen kommen. Wenn man in diesen schwer entwirrbaren Bereich vordringt, müssen aber Tatsachen vorgelegt werden können, das heißt: Ich kann nur dort einen Einfluß der Krankheit vermuten, wo die Parallelität von Krankheit und Entstehung des Werks eine solche Wechselbeziehung nahelegt.

Luthers antirömische Polemik, seine depressiven und aggressiven Gefühlsäußerungen sowie seine Streit- und Schmähschriften waren überwiegend theologisch und auch gesellschaftlich motiviert. Ihr Hintergrund war durchaus verständlich und real, allein die Art und Weise, wie er sie artikulierte und dokumentierte, hatte einen Krankheitswert, besonders in seinen späteren Jahren.

Daß seine vielen Krankheiten nicht spurlos an ihm vorübergingen und ihn psychisch prägten, dafür gibt es schon aus Luthers jüngeren Jahren eine Reihe von literarischen Beispielen. Seit 1521 erfuhr besonders die Polemik gegen die Papstkirche eine bisweilen

Karikatur auf das Papsttum. Holzschnitt von Lucas Cranach d.Ä., 1545

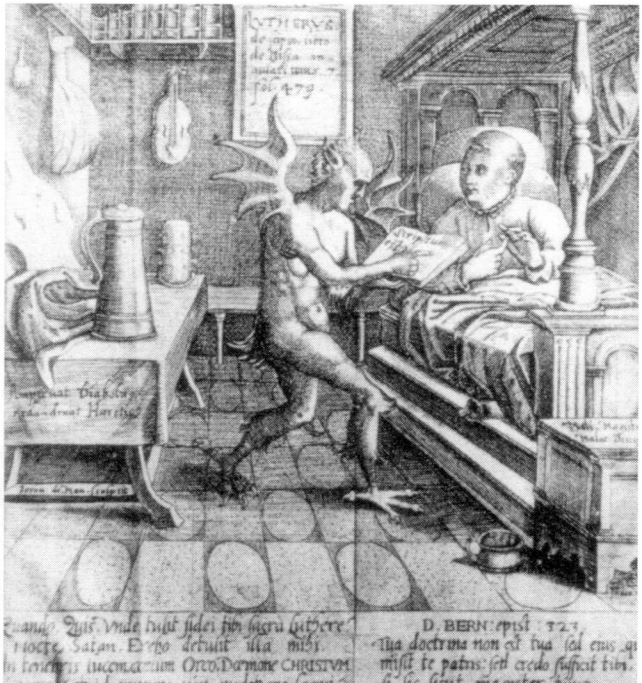

Spottbild auf Luther, dem der Teufel die Bibel auslegt. Nach einem zeitgenössischen Kupferstich

unerträgliche Zuspitzung, wie es „Die Bulla vom Abendfressen" zeigt. Die im Sommer 1522 erschienene Schrift „Wider den falschgenannten geistlichen Stand des Papsts und der Bischöfe" war eine etwas abgeschwächte Überarbeitung des schon druckfertigen Manuskripts „Wider den Abgott zu Halle", dessen Herausgabe Luthers Freunde glücklicherweise noch verhindern konnten.

Einen besonderen Akzent erhielt die antirömische Polemik in diesen Jahren durch den Einsatz von Spottbildern, die aus der Werkstatt Lucas Cranachs kamen. Die 1523 gemeinsam mit Philipp Melanchthon verfaßte satirische Schrift „Der Papstesel zu Rom" überschritt ebenso die Grenze einer ernstzunehmenden Auseinandersetzung wie die im selben Jahr herausgegebene Schrift gegen Luthers Gegner „Das Munchkalb zu freyberg". Ende 1524 erschien der erste Teil der Streitschrift gegen Karlstadt, „Wider die himmlischen Propheten", im Januar 1525 der zweite. Obwohl Karlstadt sachlich argumentiert hatte, war Luthers Ton unverhältnismäßig scharf.

Ob diese schriftstellerischen Auseinandersetzungen von körperlichen Leiden mit beeinflußt waren, kann letztlich nicht mit Sicherheit gesagt werden. Wir wissen lediglich, daß das Jahr 1523 angefüllt mit Krankheiten gewesen ist, deren Bedeutung ich aber im Zusammenhang mit Luthers Streitschriften nicht überbewerten möchte.

Daß das Jahr 1527 für Luther einen Wendepunkt darstellte, daran besteht für mich kein Zweifel. In dieses Jahr fiel der Beginn seines Menièreschen Anfallsleidens. Daß diese Krankheit, die er, wenn auch in abgeschwächter Form, noch 19 Jahre ertragen mußte, Luther zunehmend psychisch veränderte, ist gewiß.

Das 1529 in Marburg ausgetragene Religionsgespräch mit seinem unglücklichen Ausgang war für mich fraglos von Luthers Krankheiten überschattet. Ich zitiere zunächst dazu einige Autoren. 1967 schrieb Richard Friedenthal: „Luther ist düster, schon physisch krank, verstört durch den Abfall so vieler, auf die er gezählt hat." 20 Jahre später äußerte sich Norbert Erben dazu so: „Der Abendmahlsstreit war von Luthers Krankheiten und der dadurch verursachten Resignation geprägt. Wegen der durch die Herzbeschwerden hervorgerufenen Todesangst war Luther zunehmend besorgt um sein bisher geschaffenes Werk und sah in dem Schweizer Reformator Zwingli den Teufel." Walter Hoffmann-Axthelm war 1993 der Meinung, daß man bedenken müsse, „wie ganz anders das Marburger Gespräch zwischen den Reformatoren Luther und Zwingli verlaufen wäre, wenn ein ausgeruhter, nicht von Schmerzen und Schlaflosigkeit, von Herzattacken und Depressionen gepeinigter Praeceptor Germaniae am Tisch gesessen hätte. Wäre vielleicht eine Spaltung in lutherische und reformierte Kirche vermeidbar gewesen?"

Das Marburger Religionsgespräch hatte ein längeres Vorspiel, das bereits 1525 begann, als an die spätere Disputation noch nicht zu denken war. Im Brennpunkt der Auseinandersetzung mit Zwingli stand, wie erwähnt, die unterschiedliche Auffassung vom Abendmahl. Luther war 1527 nach seinem schweren Menièreschen Anfall noch über Monate geschwächt. Im Frühjahr 1527, also vor dieser Krankheit, war Luther in seinem ersten Werk zu diesem Thema Zwingli gegenüber sehr ausfällig geworden. Er hatte nicht im mindesten die Absicht, mit Zwingli über die Deutung des Abendmahls zu diskutieren. Am 27. Oktober 1527 schrieb Luther dann an Philipp Melanchthon: „Zwingli ist heiligen Hasses wert." Aber er war noch immer krank und fügte hinzu: „Bitte für mich elenden und niedrigen Wurm, den der Geist der Traurigkeit sehr plagt."

Eine zweite Streitschrift gegen Zwingli konnte Luther wegen der Nachwehen seines Menière und der Angina pectoris-Anfälle erst Ende des Jahres beginnen. Sie ist zwar behutsamer abgefaßt, wenn auch nicht frei von Polemik. Allein der Titel „Vom abendmal Christi / Bekendnis Mart. Luther." läßt den Schluß zu, daß Luther dies als sein letztes Werk zu diesem Thema verstanden wissen wollte. Und folgerichtig beantwortete er die Entgegnungen Zwinglis und Oekolampads dann nicht mehr. Für ihn war das Thema Zwingli abgeschlossen, er wollte seinen Gegner „fahren lassen".

Dann kam es 1529 durch die Initiative Philipps von Hessen zu dem Marburger Religionsgespräch. Die Voraussetzungen und näheren Umstände, besonders Luthers ablehnende und unnachgiebige Haltung habe ich dargestellt, ebenso seinen Gesundheitszustand um diese Zeit. Bei diesen durchweg negativen Zeichen,

„Der Bapstesel zu Rom".
Holzschnitt
aus dem Umkreis der
Cranach-Werkstatt, 1523

Martinus Luther als
siebenköpfiges Ungeheuer.
Holzschnitt von Hans
Brosamer, 1529

den unüberwindbaren theologischen Unterschieden, den politischen Differenzen und persönlichen Abneigungen, flankiert von Luthers Krankheiten, war das Marburger Gespräch zum Scheitern verurteilt – für die junge reformatorische Bewegung eine Niederlage.

Gewiß kann man das Fiasko von Marburg nicht allein auf Luthers Krankheiten zurückführen, aber im Gesamtursachenkomplex dürfen sie ebensowenig vernachlässigt werden wie die theologischen Unterschiede und die rein menschlichen Beweggründe. Daß Luthers Krankheiten eine Mitursache für das Scheitern des Marburger Religionsgesprächs gewesen sind, ist schwer zu leugnen. Welchen Stellenwert und nachweisbaren Anteil sie in diesem multikausalen Ursachenspektrum hatten, vermag dagegen mit Sicherheit wohl niemand zu sagen.

Die Folgen des Religionsgesprächs waren für die junge Bewegung schlimm genug, denn in Marburg wurde die Zuordnung beider reformatorischer Gruppen zu einer einheitlichen Richtung endgültig vertan. Der um diese Zeit schon kranke „Sieger" Luther war an dem unglücklichen Ausgang, ich will es freundlich formulieren, nicht unbeteiligt.

In vielen Briefen klagte Luther, daß seine Krankheiten auf der Veste Coburg ihm die Hälfte des beabsichtigten Werks geraubt hätten. Betrachtet man vor diesem sachlich richtigen Hintergrund allein seine reiche literarische Hinterlassenschaft aus seiner Coburgzeit, dann wird deutlich, über welches Leistungsvermögen Martin Luther von Haus aus verfügte.

Nach der bereits erwähnten Zusammenstellung seiner Leistungen von Alfred Dieck verfaßte Luther 1530 trotz zehnmonatigen Krankseins 30 Schriften, 170 Briefe und 60 Predigten. In seinem dramatischen Krankheitsjahr von 1527, in das sein erster Menièrescher Anfall fiel, betrug die literarische Produktion bei fast achtmonatiger Krankheit 15 Schriften, 100 Briefe und 60 Predigten. Selbst 1545 war Luther, obwohl fast zehn Monate krank, noch so produktiv, daß er 15 Schriften, 80 Briefe und 35 Predigten verfaßte. Bei dieser einmaligen Leistungsfähigkeit und Selbstdisziplin besteht Diecks Urteil über Luther wohl zu Recht: „Mir ist kein Großer dieser Erde bekannt, der mit so unerbittlicher Strenge durch Jahrzehnte hindurch seinem oft versagenden Körper diese Leistungen abzwang."

Dennoch ist nach meinen Studien eine allgemeine Leistungs-minderung bei Luther unter dem Diktat seiner vielen Krankheiten im Vergleich zu früheren Jahren ab 1530 unverkennbar. Dazu gehörten eine zunehmende Einstellung seiner Predigtarbeit, das Absagen von Terminen und Einschränken seiner bis dahin äußerst regen Reisetätigkeit. Und auch im publizistischen Bereich spiegelte sich Luthers Leistungsminderung. In den letzten Jahren seines Lebens beschränkte er sich immer häufiger auf Vorreden und Kommentare.

Luthers Aufbäumen gegen seine Krankheiten und seinen Kräfte-schwund machte sich schon früh in Unbeherrschtheiten und Grobheiten Luft. Ich bin im Krankheitskapitel auf einige Reak-tionen eingegangen und habe darauf hingewiesen, wie unsachlich Luther allein mit seinen Wittenbergern verfuhr. Für seine häufig verletzenden Äußerungen sowie für sein unbeherrschtes Auftreten gegen Andersdenkende, besonders in seinen späteren Jahren, ist ebenfalls sein schlechter Gesundheitszustand mit einer ständig abnehmenden Widerstandsfähigkeit mitverantwortlich. Die teil-weise abstoßenden Verhaltensweisen Luthers traten, wie erwähnt, nachweislich erst seit dem Beginn seiner organischen Erkrankungen zutage. Die seit 1530 zunehmend gefürchteten Zornesausbrüche belasteten zwangsläufig auch das Verhältnis zu seinen Mitarbeitern und Freunden. Selbst sein engster Vertrauter und Mitreformator, Philipp Melanchthon, erwog Luthers wegen zweimal, Wittenberg zu verlassen. Der weitaus gemäßigtere Melanchthon hatte 1527 schon Anstoß an Luthers abstoßendem Ton gegen Zwingli genom-men und von seinem Freund mehr Mäßigung erwartet. 1536, als Luther durch seine körperlichen Leiden noch unnachgiebiger und starrsinniger geworden war, hatten die theologischen Differenzen zwischen beiden eine solche Zuspitzung erfahren, daß sich Melanchthon zum ersten Mal mit der Absicht trug, die Stadt für immer zu verlassen. Aus Furcht vor seinen Zornesausbrüchen leitete Melanchthon 1542 den einzigen Brief Calvins an Luther nicht weiter. Im September 1544 wagte er es nicht, Luther einen Brief Martin Bucers auszuhändigen, in dem dieser Luther abermals zur Mäßigung gegen die Schweizer aufrief. Vorsichtshalber überließ er das dem sächsischen Altkanzler Brück. Abermals drohte es im Jahre 1544 zu solchen theologischen Auseinandersetzungen mit Luther zu kommen, daß Melanchthon ein zweites Mal Wittenberg verlassen wollte.

Luther wurde am Ende seines Lebens immer mehr gemieden. Statt seiner suchte man nun häufig den weitaus liberaleren und verbindlichen Melanchthon auf. Parallel zu Luthers Zornesausbrüchen, zu seinen gefürchteten Derbheiten in Wort und Schrift gingen spätestens seit 1530, dem Jahr schwerster gesundheitlicher Prüfungen auf der Coburg, Niedergeschlagenheit und Resignation. Luthers Äußerungen über seine Mitmenschen zeigten eine zunehmende Enttäuschung. Am 4. Oktober 1530 schrieb er dem Komponisten Ludwig Senfl in München nach schlimmen sechs Monaten Krankheit auf der Coburg: „Ich hoffe, daß meines Lebens Ende nahe sei, und die Welt haßt mich und mag mich nicht leiden; wiederum bin ich der Welt überdrüssig und verachte sie."

Der unfreiwillige Aufenthalt auf der Veste Coburg mit seinen vielen Krankheiten, vor allem mit seinem Menièreschen Anfallsleiden, war für mich nach dem schlimmen Krankheitsjahr 1527 die zweite Zäsur in Luthers Leben aus medizinischer Sicht. Er verließ die Coburg anders, als er sie betreten hatte, sichtlich gealtert und körperlich geschwächt. Auch Köstlin war dieser Meinung und registrierte eine Abnahme seiner Briefe und Gutachten. Luther war nach 1530 nachweisbar ruhebedürftiger. Das geht aus einer chronologischen Zusammenstellung seiner Reisen hervor.

Wie es um Luthers seelische Verfassung stand, zeigt eine Beschreibung des oberdeutschen Reformators Martin Bucer von 1530: „Ein Mensch, der oft aus dem Weg gerät und es trotzdem nicht erträgt, zurückzugehen; der wahrlich Gott fürchtet und seine Ehre von Herzen sucht, aber durch Mahnungen nur gereizter wird. So hat ihn uns Gott gegeben, so müssen wir ihn gebrauchen." Bucer war nach dem mißlungenen Versuch in Marburg weiterhin an einer Einigung mit den Wittenbergern gelegen, die nachweislich durch Luthers Unbeherrschtheiten und durch seine vielen Krankheiten erschwert wurde. Dennoch soll hier das Zustandekommen der Wittenberger Konkordie erwähnt werden, deren schwere

Geburt auf Luthers Krankheiten zurückzuführen ist. Nach dem Reichstag in Augsburg 1530 verstärkten sich die Kontakte zwischen den Wittenbergern, den Schweizern und den Oberdeutschen, vornehmlich durch die fortwährenden Bemühungen Martin Bucers, der damit auch die evangelischen Keimzellen in Frankreich zu stärken suchte. Als Bucer mit Luther auf der Coburg darüber sprach, zeigte sich dieser zu einem solchen Bündnis noch bereit, selbst wenn er zu erkennen gab, keinerlei Zugeständnisse zu machen. Im politischen Sprachgebrauch von heute würden wir nach Luthers Vorstellungen von einem Beitritt der Schweizer und der Oberdeutschen sprechen müssen, nicht aber von einer Einigung unter gleichberechtigten Partnern. Allein Luther wollte die Bedingungen diktieren, hatte jedoch gegen ein politisches Bündnis mit unterschiedlichen theologischen Auffassungen grundsätzlich nichts einzuwenden. Nach seinem schweren Krankheitsjahr 1530 folgte das nicht minder schwere von 1532, in dem er den Einigungsbemühungen nicht nur reserviert, sondern wieder gänzlich ablehnend gegenüberstand. Im Februar 1532 schrieb Luther in dieser Angelegenheit an den Herzog Albrecht von Preußen, er wolle mit diesen „Schwärmern" nichts mehr zu tun haben. Luther hatte im Januar einen schweren Angina pectoris-Anfall überstanden und war wegen seiner Kopfschmerzen und der morgendlichen Schwindelanfälle so deprimiert, daß er von einer Einigung nichts mehr hören und sehen wollte.

Im Winter 1533 hatten Luthers Schwindelattacken solche Formen angenommen, daß er nur noch in seinem Hause predigen konnte. In dieser Zeit erschien sein „Sendschreiben an die Frankfurter", das wegen seiner Polemik dort für schwere Verärgerung sorgte. Gerade Bucer, ähnlich wie Philipp Melanchthon ständig um Ausgleich bemüht, bezeichnete es als „bissiges Buch". Im Herbst 1533 erlitt Luther seinen ersten Gichtanfall. Seine um diese Zeit entstandene Schrift „Von der Winkelmesse und Pfaffenweihe" enthielt, sicher wieder verschärft durch die Schmerzattacken und Nachwehen seiner neuen Krankheit, erneut provozierende Ausfälle gegen die Schweizer, die für ihn Sakramentierer waren.

Bezeichnenderweise gab Luther sich dann in den Jahren 1534 und 1535, die ihn bis auf gelegentliche Infekte von schwereren

Krankheiten verschonten, den Einigungsbemühungen gegenüber gesprächsbereiter und aufgeschlossener. Im Februar 1535 konnte Melanchthon Martin Bucer mitteilen, daß Luther jetzt milder sei als zuvor. Auch im Herbst dieses Jahres war er durchaus tolerant, ja sogar konstruktiv, so daß die Konkordiengespräche endlich im Frühjahr 1536 stattfinden konnten. Da im März 1536 nach zehn Jahren seine Nierenkoliken zurückgekehrt waren, wurde der Termin auf den 21. Mai vertagt. Aber Luther litt bis in den Juni hinein an seiner Steinerkrankung, so daß die für Eisenach vereinbarte Begegnung wegen seiner Krankheit nach Wittenberg verlegt wurde. Als die Verhandlungen eröffnet wurden, war Luther noch so geschwächt, daß man die erste Gesprächsrunde vorzeitig abbrechen mußte. Durch seine monatelangen Schmerzen war von seiner toleranten Haltung im Jahre 1535 nichts mehr zu spüren. Unerwartet schroff drängte er die Oberdeutschen in die Defensive. Daß es überhaupt zu einer Einigung kam, war das Verdienst Martin Bucers, dessen diplomatische Gewandtheit am Ende zu einem Burgfrieden mit den Oberdeutschen führte. Außerdem hatte man in den Konkordienverhandlungen überwiegend Philipp Melanchthon aufgesucht, der im Kreis der Reformatoren im Grunde schon seit 1530 zunehmend federführend wurde. Als England und Frankreich 1534/1535 Kontakte zu den Wittenbergern suchten, umging man Luther ganz bewußt und lud Melanchthon nach Paris und London ein.

Die Wittenberger Konkordienverhandlungen hatten sich mühsam dahingeschleppt und waren fraglos durch Luthers viele Krankheiten mitbehindert und verzögert worden. Luther wurde abweisender, schroffer, desinteressierter und auch mißtrauischer. In beschwerdefreien Intervallen wie in den Jahren 1534 und 1535 war er dagegen konstruktiv, gesprächsbereit, ja sogar liebenswürdig.

Die Schweizer waren gar nicht erst angereist, sie schlossen sich der Wittenberger Konkordie nicht an, was Luthers starre Haltung ohnehin verhindert hätte. 1538 polemisierte Luther erneut gegen die Schweizer, wobei seine Auseinandersetzungen mit ihnen an Schärfe noch die antirömische Polemik übertrafen.

Schon 1532 hatte sich Bucers Mitarbeiter Blarer über „Luthers Raserei" und seine „blutige Feder" beklagt. Der päpstliche Legat

Polo Vergerius glaubte 1535 in Luthers Blick ein Feuer von Raserei und Wut gesehen zu haben. Er empfand „die große Bestie" als arrogant, boshaft, toll und unbesonnen. Nach einem Gespräch mit Luther in Wittenberg schrieb er im November 1535: „Er hat weit aufgerissene Augen; je mehr ich sie anschaute, desto mehr fiel mir auf, wie sie ganz den Augen eines Besessenen glichen, den ich einst gesehen, so feurig und unstet, die Raserei und Wut in seinem Innern verratend. Wirklich, je mehr ich daran denke, was ich gesehn und beobachtet habe an diesem Ungeheuer... desto mehr drängt sich mir die Überzeugung auf, daß er von einem Teufel besessen ist ..." Diese Polemik ist ebenso unerträglich wie Luthers eigene in Zeiten seiner schweren körperlichen Krankheiten. Im Oktober 1535 litt Luther an einer schmerzhaften Mittelohrentzündung. Inwieweit diese Krankheit ihn in dem Gespräch mit Vergerius beeinträchtigte, ist schwer zu sagen. Auf jeden Fall war Luther nicht gesund.

Ab 1532 behinderten seine morgendlichen Schwächeanfälle, sein Schwindel und häufig unerträgliche Kopfschmerzen besonders seine Predigttätigkeit, die er häufig auf den Nachmittag verlegen mußte, und das auch noch mit vielen Unterbrechungen. Luther belasteten seine Krankheiten auch insofern, als das gepredigte Wort eine zentrale Bedeutung in seiner neuen Theologie hatte. Wegen seiner vielen Gebrechen 1532 mußte er den Abschluß der Bibelübersetzung, die seit 1522 ein Teamwork unter seiner Leitung war, ganz Philipp Melanchthon und Justus Jonas überlassen.

Verstärkt finden wir in den Folgejahren eindeutig krankheitsbedingte Einschränkungen seines Aktionsradius und seiner vielfältigen Verpflichtungen in Wittenberg. Während er am 14. Januar 1536 mit der gewohnten Überzeugungskraft seine Thesen vor einer englischen Delegation verteidigte, mußte er aus Krankheitsgründen am 25. Januar Philipp Melanchthon den Disput überlassen und war „des Streitens überdrüssig". Terminabsagen aus körperlicher Schwäche wurden immer alltäglicher. Der Einladung des Fürsten von Anhalt im Februar 1536 konnte er nicht Folge leisten. Am 27. Februar 1536 mußte Luther wegen des morgendlichen Schwindels die Trauung des Pommernherzogs mit Maria von Sachsen in Torgau Johannes Bugenhagen überlassen. Als er im Dezember 1536 die „Schmalkaldischen Artikel" erarbeitete, zwang ihn am 18. ein Herzanfall zum Abbruch, so daß er den Abschluß dieser Bekenntnisschrift zwei Mitarbeitern diktieren mußte. Daß Luther wegen seiner Nierenkoliken Schmalkalden wieder verlassen mußte, habe ich ausführlich beschrieben. An den Bündnisgesprächen war er also faktisch nicht beteiligt. Eine weitere Krankheitsfolge war die Nichtunterzeichnung der „Schmalkaldischen Artikel", zusätzlich durch Melanchthon verhindert, der die Schärfe der Lutherschen Formulierungen schon zuvor kritisiert hatte.

Kaum war Luther, gesundheitlich noch schwer mitgenommen, im März nach Wittenberg zurückgekehrt, kam es zu einer offenen Auseinandersetzung mit seinem ehemaligen Mitstreiter Johannes Agricola, der schon lange Zeit Lehrunstimmigkeiten vorausgegangen waren. Daß Luther die Meinungsverschiedenheiten mit seinem ehemaligen Anhänger Agricola in so scharfer Form austrug, führte vorübergehend dazu, daß sich sogar sein Freundeskreis von ihm distanzierte, auch wenn er völlig zu Recht Luthers schwere Krankheit dafür verantwortlich machte.

Luthers Einfluß sank im Laufe der Jahre immer mehr, auch auf politischem Gebiet. Seine öffentlichen Aufforderungen zum Gebet gegen Herzog Georg von Sachsen brachten ihm nicht nur die Rüge seines Kurfürsten ein, der seinen Theologieprofessor mehrfach zur Mäßigung auffordern mußte. Als dieser starb, nahm Luthers Einfluß auf die Fürsten überhaupt merklich ab, zumal Kurfürst Johann Friedrich, der Nachfolger Johanns des Beständigen, zu Luther von vornherein auf Distanz ging. Auch andere Fürsten suchten nach 1536 selbst in Entscheidungen, die die Reformation betrafen, immer weniger seinen Rat. Bezeichnend ist, daß Kurfürst Johann Friedrich anstelle der bis dahin üblichen Gutachten Luthers nun häufiger Gemeinschaftsgutachten der Wittenberger Theologen anforderte. Als der Kurfürst ein Konsistorium einrichtete, war Luther in demselben nicht einmal vertreten, obwohl jener in wichtigen Entscheidungen immer noch Luthers Rat suchte. Für sein geschwundenes Ansehen spricht nach Erben auch die an sich unzumutbare Unterbringung „in eine(r) unbequeme(n), feuchte(n) Herberge" im Winter 1537 in Schmalkalden.

Luthers ursprünglich gutes Verhältnis zu dem jungen Herzog Moritz von Sachsen wurde schon kurz nach dessen Regierungsantritt zerstört. Im Zusammenhang mit der sogenannten Wurzener Fehde hatte Luther geäußert, „er müsse Moritz totbeten", und damit die Verbindung zum Dresdner Hof zerschnitten. Moritz verzichtete bewußt auf Luthers Mitarbeit bei der Einführung der Reformation in seinem Herzogtum, was aber auch mit dem unsteten Verhalten des Herzogs selbst zusammenhängen mochte.

Auch in Wittenberg sorgte Luther mehrfach für Konflikte, die sich 1539 nun mit der Juristenfakultät anbahnten und nur mit Mühe abgewendet werden konnten. 1544 brach der Streit erneut aus. Luther drohte in drei öffentlichen Angriffen von der Kanzel seinen Gegnern mit Bannung und begab sich „dabei in eine gefährliche Nähe zum geistlichen Terror". Durch seinen verletzenden Ton und seine grobianistischen Ausfälle verlor er viele ehemalige Freunde, auch unter den Juristen.

Im schriftstellerischen Bereich hatte sich seit 1530 unverkennbar ein weiterer Wandel vollzogen, ebenfalls durch seine Krankheiten mitverursacht. Während Qualität und Quantität unverkennbar abnahmen, wurden Polemik und Grobheiten zunehmend maßloser. In seiner „Vermahnung zum Sakrament" von 1530 wünschte Luther seinen Gegnern unumwunden den Tod. Man solle sie „wie hunde und sewe" sterben lassen.

Seine fast tödlich verlaufende Krankheit in Schmalkalden vertiefte seinen Haß gegen den Papst ins Grenzenlose und führte zur unerträglichen Verschärfung in seinen Formulierungen. Noch vor der Abreise vom Tagungsort gab Luther allen folgende testamentarische Anweisung: „Hoc unum me mortuo servate: Odium in pontificem Romanum!" (Darum erhaltet mir Totem das Eine: Haß dem Römischen Papst!)

Seine Bücher gegen das Papsttum und Andersdenkende wurden seit 1537 noch schärfer als bisher und brachten ihm wegen ihrer Unsachlichkeit Kritik selbst aus den eigenen Reihen ein. Luthers Streitschrift „Wider Hans Worst" gegen Herzog Heinrich von Braunschweig-Wolffenbüttel, eine Spitzenleistung gröbster Verunglimpfungen, entstand im Frühjahr 1541, als Luther an einer äußerst schmerzhaften akuten Mittelohrentzündung litt. Daß ihr

verletzender Ton nicht losgelöst von seinem schlechten gesundheitlichen Befinden gesehen werden kann, ist für mich ziemlich
sicher. Luther sagte zwar am 12. April, daß nur seine Kopfschmerzen ihn daran gehindert hätten, noch „kräftiger anzustürmen",
räumte damit aber grundsätzlich eine Beziehung zu seinen Krankheiten ein. Luthers Derbheiten und seine „Fäkaliensprache", wie
Wendelborn es formulierte, stießen selbst seine Mitarbeiter immer
weiter von ihm ab, die weiß Gott im Reformationszeitalter alle nicht
prüde waren.

1543 nannte der Schweizer Reformator Heinrich Bullinger
Luther einen „streitsüchtigen alten Mann". Ein Jahr später äußerte
Johannes Calvin, daß er Luther zwar sehr schätze, seine Unbeherrschtheit, Derbheit und Zornesausbrüche jedoch entschieden
ablehne.

Daß Luther in diesen Jahren, als seine letzten Streit- und
Schmähschriften entstanden, unter vielen Krankheiten litt, habe
ich gezeigt. Daß die Schärfe des Tons, die häufig unerträglichen
Ausfälle und die teilweise erschütternde Polemik in diesen Schriften
etwas mit seinen Krankheiten zu tun haben konnten, daran
besteht für mich schon deswegen kein Zweifel, weil sich Luthers
Schriften aus seinen „guten" Jahren durch Maß, teilweise sogar
durch Liebenswürdigkeit auszeichneten.

Auf Luthers Judenschriften bin ich eingegangen. Der Beginn
einer Reihe judenfeindlicher Werke fiel in das Jahr 1538, als Luther
aufgrund eines Gerüchtes mit seiner Schrift „Wider die Sabbather
an einen guten Freund" aufwartete. Seine schärfste Schrift „Von
den Juden und ihren Lügen" erschien 1543. Ich habe oben S. 57
eine Wertung dieser Schriften versucht.

1545 ging Luther mit seiner Schmähschrift „Wider das Bapstum
zu Rom vom Teuffel gestifft", die mit unflätigen Bildern reich
versehen war, ein letztes Mal mit seinem Hauptfeind schonungs-
los ins Gericht. Auch diese Schrift entstand in Zeiten schwerer
Krankheiten. Angina pectoris-Anfälle und Nierenkoliken, Kopfschmerzen, Schwindel und Ohrgeräusche bestanden alternierend
oder nebeneinander vom Januar 1545 bis in den Spätherbst
hinein. Ich schließe daher nicht aus, daß hier bei allem theologisch
begründeten Haß gegen den Papst, der sich inzwischen längst

verselbständigt hatte, Luther das Maß auch aufgrund seiner Krankheiten vollends verloren hatte.

Haben Luthers viele Krankheiten Spuren im Leben und im Werk des Reformators hinterlassen? Diese Frage wird man wohl eindeutig bejahen müssen. Der Einfluß von Luthers Krankheiten wird für mich augenscheinlich während des Reichstags zu Worms, des Marburger Religionsgesprächs und der Wittenberger Konkordienverhandlungen. Er liegt dort auf der Hand, wo Luther selbst darüber berichtete und sich beklagt, daß ihn seine Krankheiten am Arbeiten gehindert hätten. Dazu gehörten vornehmlich seine Zwangsaufenthalte auf der Wartburg und der Coburg.

Besonders das Verhalten des älteren und alten Luther war gekennzeichnet durch krankheitsverursachte erlebnisreaktive psychische Veränderungen, die sich in Stimmungslabilität, leichter Beeinflußbarkeit, erhöhter emotionaler Empfindlichkeit, äußerster Gereiztheit und einer wachsenden Verhärtung zeigten. Daß sein immenser Fleiß und seine beispiellose Leistungsfähigkeit dennoch zu keinem Zeitpunkt grundlegend gebrochen werden konnten, ist ein Beweis dafür, daß alle Vermutungen über eine endogene Geistes- oder Gemütskrankheit haltlos sind. Nach meinen Studien waren selbst seine oft bedenklichen Äußerungen in Wort und Schrift sowie seine teilweise abstoßenden Verhaltensweisen der letzten Jahre nichts als ein Ausdruck einer reaktiven psychischen Verstimmung aufgrund seiner vielen schweren organischen Krankheiten, mehr nicht.

In das Jahr 1521 fiel der Beginn seiner 25jährigen komplizierten Krankheitsgeschichte, zugleich war es das wohl ereignisreichste Jahr in Luthers Leben überhaupt, das er nun als Gebannter und Geächteter zunächst an einem unbekannten Zufluchtsort fernab vom eigentlichen Schauplatz des Geschehens weiterführen mußte. Damit will ich sagen, daß die Veränderung in Luthers Verhalten sowie die nachweisbare Zunahme der Polemik in seinen Schriften nicht allein auf seine Krankheiten zurückgeführt werden dürfen, auch sie waren multikausal. Eine Zäsur in der medizinischen Lutherbiographie fiel in das schwere Krankheitsjahr von 1527. Viele Verhaltensweisen Luthers in den Folgejahren, so auch das Marburger Religionsgespräch, wurden nun verstärkt von seinen

Krankheiten geprägt. Nach 1530, der nächsten Zäsur, wurden Gereiztheit, Intoleranz sowie Resignation und Leistungsabfall immer augenscheinlicher, der Umgang mit dem Reformator deutlich schwieriger. Das Zustandekommen der Wittenberger Konkordie krankte buchstäblich an Luthers schlechter Gesundheit, wie auch sein Einfluß auf das gesellschaftliche und auf das politische Leben immer mehr an Gewicht verlor.

Nach Erben lassen Luthers Krankheiten jedoch an keiner Stelle einen Einfluß auf seine reformatorische Theologie erkennen. Er beschränkt sich überwiegend auf sein öffentliches Auftreten, auf Inhalt und Form vieler Schriften sowie auf den krankheitsbedingten Abfall seines Leistungsvermögens. Luther selbst hat seine vielen Leiden sogar als eine Bestätigung für seine theologischen Auffassungen gesehen und näherte sich damit dem Krankheitsverständnis Augustins.

Zu seinem Lebenswerk stand Luther unerschütterlich, in Zeiten seiner schwersten Erkrankungen ebenso wie in solchen höchster Leistungsfähigkeit. Seine Einsatzbereitschaft für andere und seine Selbstlosigkeit hat er sein Leben lang unter Beweis gestellt. Wenn Luther schon 1521 an Spalatin schrieb: „Ruft man mich, so komme ich, gleichviel ob krank oder gesund", dann war das wie ein Leitmotiv, unter das er sein ganzes Leben stellte. Luthers hohes soziales Engagement, seine vielen Trostbriefe sowie sein persönlicher beispielgebender Einsatz, nicht allein während der vielen Pestepidemien, verdienen noch heute unsere Anerkennung. In die Reihe seines selbstlosen Einsatzes für andere gehörte auch seine allerletzte Reise. Er selbst wußte, daß er damit gesundheitlich und körperlich restlos überfordert war, aber „seine lieben Landesherren" hatten ihn gerufen. Dem Ruf konnte und wollte er sich nicht entziehen, und so versah er seine letzte Pflicht auf Erden.

Schlußbetrachtungen

Luther selbst hat uns wertvolle Zeugnisse über seine Krankheiten in seinen Briefen und in den Tischreden hinterlassen, so daß ich bei der Erstellung seiner Krankengeschichte glücklicherweise auch auf Primärquellen zurückgreifen konnte und mich nicht allein mit Sekundärliteratur begnügen mußte.

Trotz seiner schweren Krankheiten ging Luther unbeirrt seinen eingeschlagenen Weg als Reformator weiter, weil er seine neue Theologie als einzig richtig erkannt hatte. Seine Krankheiten und ihre Folgen gewannen, soweit es seine religiösen Überzeugungen betraf, zu keiner Zeit die Oberhand über ihn. Daß sie sein Verhalten änderten und ihn im Laufe des Lebens intoleranter machten, ist nicht zu leugnen, genausowenig wie der Umstand, daß Luther im Umgang immer schwieriger wurde und daß seine späteren Schriften wegen ihres häufig abstoßenden Tons sein Ansehen schwerlich mehren konnten.

Jedoch muß man sich in der Beurteilung Luthers um Unvoreingenommenheit bemühen und darf nie außer acht lassen, daß seine Beweggründe für sein Handeln überwiegend religiös und theologisch motiviert waren. Das unterscheidet ihn grundlegend von anderen herausragenden Persönlichkeiten der Geschichte.

Seine katholischen Gegner und die Abweichler aus dem eigenen Lager forderten seinen Widerspruch und Kampfgeist in solchem Maße heraus, daß er darüber häufig die Kontrolle über sich selbst verloren zu haben scheint. Am Ende seines Lebens, als seine Krankheiten in immer stärkerem Maße Besitz von ihm ergriffen hatten, hatte sich diese Haltung so gefestigt, daß sie alle – Papisten, Täufer, Türken und Juden – für ihn Sturmtruppen der Teufelsarmee waren, gegen die kräftig dreingeschlagen werden mußte. Der Papst sollte vernichtet werden, und zwar noch zu Luthers Lebzeiten, und Andersdenkende, besonders die Juden, hatten sich nach seinem Verständnis zu bekehren.

Luther kämpfte, durch Krankheiten geschwächt und hinfällig geworden und lange schon sein Ende fühlend, ja auch herbeisehnend, einen Verzweiflungskampf. Viele seiner Vorstellungen hatten sich nicht erfüllt. Die Bekehrung der Juden war ebenso ausgeblieben, wie das Täuferunwesen weiter um sich griff. Also war er der Handelnde und forderte die Vertreibung und Enteignung der Juden. Den Täufern wünschte er den Landesverweis und befürwortete selbst ihre Gefängnis- und Todesstrafe.

Auch diese Wandlung in Luthers Verhalten der späteren Jahre wurde durch Krankheiten und seine ständig abnehmende psychische Belastbarkeit mitverursacht, jedoch war sie auch Ausdruck mannigfacher verständlicher Enttäuschungen. Er sah die Gefahr religiöser Gleichgültigkeit und Indifferenz. Diese Entwicklung konnte er nicht tatenlos ihrem Schicksal überlassen. So griff er ein, wo er nur konnte, und wurde im Gebrauch seiner Mittel immer weniger wählerisch.

Ein Mann wie Luther konnte mit Halbheiten nicht leben. Er sah zu Recht die Grenzen seiner Reformation, und er sah noch mehr. Er hatte die christlich-moralischen Qualitäten der Landesfürsten weit überschätzt, denen er seine evangelische Kirche anvertraut hatte. Seine depressiven und aggressiven Gefühlsäußerungen werden besonders vor diesem Hintergrund verständlich. Nichts als Enttäuschung und Resignation, wohin er auch am Ende seines Lebens schaute!

Die Veränderungen in Luthers Gemütsleben fallen nachweislich mit dem Beginn seiner organischen Erkrankungen zusammen. Damit ist auch der Beginn seiner reaktiven psychischen Verstimmungen mit dem ereignisreichen Jahr 1521 anzusetzen, wobei seine exzentrischen Gemütsverstimmungen und seine psychogenen Anfälle, durch mannigfache Anfechtungen und schmerzliche Entbehrungen in seiner Mönchszeit verursacht, gelegentlich schon früher zutage getreten waren. Die psychischen Verstimmungen korrelierten mit seinen organischen Erkrankungen, die im Laufe des Lebens immer mehr an Bedeutung für ihn gewannen und 1521 im Hinblick auf seine späteren Jahre vergleichsweise noch harmlos waren. Nierenkoliken, Menièresche Anfälle und Gichtattacken, begleitet von Magenbeschwerden, Obstipationen, Hämorrhoiden und Angina pectoris-Anfällen, mußten ertragen und kompensiert werden. Für Luthers reaktive depressive Verstimmungen gab es verständliche Anlässe genug.

Bei somatopsychischen Symptomen und Erkrankungen liegen die verursachenden Faktoren vorwiegend im somatischen Bereich. Diese reaktiv auftretenden psychischen Symptome, die mit der Krankheit genetisch nichts zu tun haben, äußern sich in ständiger Furcht vor einer Wiederholung der Erkrankung und auch vor ihrem Ausgang. Sie gehen im „akuten Stadium" mit einer eingeschränkten Leistungsfähigkeit und Inaktivität einher. Schon im klassischen Griechenland waren die Wechselbeziehungen von Körper und Seele bekannt. So deutet der Begriff Melancholie (griechisch = schwarze Galle), den wir heute noch für Trübsinn und Schwermut gebrauchen, auf den Zusammenhang von depressiven Verstimmungen mit Gallenerkrankungen hin. Jeder Patient mit einer Gastritis ist mißmutig und eher depressiv. Beispiele dieser Art lassen sich beliebig fortsetzen, im Grunde von jedem, der von Krankheiten chronisch heimgesucht wird. „Not ist, wo der Körper leidet" – dieses Predigtwort trifft den Nagel genau auf den Kopf.

Die Folge von Luthers reaktiver psychischer Verstimmung war, daß er im Laufe seines Lebens viele seiner ursprünglichen Anhänger verlor, die seine maßlosen und aus ihrer Sicht ungerechtfertigten Ausfälle nicht ertragen konnten. Mit seiner Grobheit, Derbheit und gezielten Verletzung in Predigten, Schriften und in Reden stieß er selbst treue Mitarbeiter und Freunde von sich, so daß es auch aus diesem Grund nicht wunder nimmt, daß Luthers Einfluß und Wirken auf das gesellschaftliche Leben im Jahre 1530 nach vielen schweren gesundheitlichen Prüfungen auf der Veste Coburg seinen Höhepunkt überschritt. Luther selbst litt unter seiner spürbaren Leistungsminderung und bekundete immer häufiger seine Lebensmüdigkeit.

Eine Darstellung Luthers aus medizinischer Sicht nimmt dem Reformator möglicherweise etwas von seinem Nimbus, schmälert aber nicht sein Werk. Daß er trotz seiner vielen schweren Krankheiten epochemachende Leistungen vollbrachte und ein neues Zeitalter einläutete, nötigt uns noch mehr Respekt und Achtung ab.

Quellennachweis
und Anmerkungen

S. 7   *„um seine lieben".* Klein, Tim (Hrsg.) (1917), S. 197. Um im Familienstreit der Mansfelder Grafen zu vermitteln, verläßt Luther am 23. Januar 1546 Wittenberg.

S. 7   *„mit Stille und".* Klein, Tim (Hrsg.) (1917), S. 197.

S. 7   *„Eine Darstellung Luthers".* Lohse, Bernhard (1983), S. 39.

S. 9   *„krank(es), düster(es) und".* (Original „düster, schon physisch krank"). Friedenthal, Richard (1979), S. 619.

S. 11   *„seit langem eines".* Lohse, Bernhard (1983), S. 31.

S. 14   *„ein hurhauß und".* Emme, Dietrich (1986), S. 124.

S. 14   *„Diese zwei Lektionen".* Emme, Dietrich (1991), S. 17.

S. 14   *„Durch Völlerei und".* Degering, Hermann (1916), S. 84-85. Brief Martin Luthers an Johannes Braun in Eisenach vom 20. September 1503.

S. 15   *„Hilff du, S.Anna".* WA Tr 4, 440, 5.

S. 15   *„gezwungen und gedrungen".* WA W 8, 573, 32; 8, 574, 1.

S. 16   *„Diese Schrecken hat".* Emme, Dietrich (1986), S. 12. (Nach Melanchthon, Philipp: Vita Martini Lutheri; deutsche Übersetzung in Martin Luthers 95 Thesen. Hrsg. von Kurt Aland, S. 42-52, Hamburg 1965.)

S. 17   „*nie vergessen und*". Oergel, Georg (1899). S. 35-36.

S. 18   „*Da wurde Hieronymus*". Oergel, Georg (1899). S. 35.

S. 19   „*is textus semel*". WA W 40, Abt. 2, 139, 2.

S. 19   „*Ich selbst bin*". WA W 29, 50, 18-20.

S. 20   „*Nach dem außerordentlichen*". WA Tr (Veit Dietrich) Nr. 326, 28-30.

S. 20   „*Gott geb, daß*". WA Br 8, 573, 19ff.

S. 22   „*Wir sind Pilger*". WA W 20, 471, 30.

S. 22   „*Mag ich immerhin*". WA Br 2, 264, 24-27.

S. 22   „*zu den großen*". Brecht, Martin (1990), S. 57/58.

S. 22   „*Ende desselben Jahres*". WA Tr 5, 76, 27.

S. 23   „*Die Bischöfe wagten*". WA Tr (Veit Dietrich). Nr. 416, 28-29.

S. 23   „*gezwungen zu betteln*". WA Tr 5, 99, 21-23. Luthers Bericht über den Konvent, der ihn teilweise haßte.

S. 24   „*den Kern der*". Wendelborn, Gert (1983), S. 29.

S. 25   „*jene Paulusstelle wahrhaft*". WA W 54, 185, 21.

S. 25   *nach Wendelborn schon.* Wendelborn, Gert (1983), S. 75-79. Der eigentlich nicht für die Öffentlichkeit bestimmte Thesenanschlag vom 31. Oktober 1517 sollte nach Wendelborn mehr auf Luthers neue Theologie als auf das Spezialproblem Ablaß aufmerksam machen.

S. 28   *wie Lohse meint.* Lohse, Bernhard (1983), S. 108.

S. 32 „*Ich möchte nicht*". Nach Köstlin, Julius (1882), S. 237. Brief Luthers an Georg Spalatin; Wittenberg, den 16. Januar 1521.

S. 32 „*häretisch und der*". Lohse, Bernhard (1983), S. 59-60.

S. 32 „*Weil du den*". Looß, Sigrid (1983), S. 8. Mit dem „Heiligen des Herrn" ist Christus gemeint wie es bei Markus Kap. 1, Vers 24 heißt: „Halt, was haben wir mit dir zu schaffen, Jesu von Nazareth? Du bist gekommen, uns zu verderben. Ich weiß, wer du bist, der Heilige Gottes."

S. 34 „*Da gleich so*". Neudecker, Christian Gotthold (Hrsg.) (1850), S. 51.

S. 35 „*Diesmal sprach er*". Brecht, Martin (1990), S. 435. (Deutsche Reichstagsakten 864 und 885, Jüngere Reihe Bd. 2, Gotha 1899, Nachdruck Göttingen 1962.)

S. 35 „*Ich bin hindurch*". Brecht, Martin (1990), S. 440. (Deutsche Reichstagsakten 853, Jüngere Reihe Bd. 2, Gotha 1899, Nachdruck Göttingen 1962.)

S. 37 „*gehört (er) zu der*". Lortz, Joseph: Martin Luther, Grundzüge einer geistigen Struktur. Reformata Reformanda. Münster 1965. Zitiert bei Sonntag, Franz-Peter: Luther in katholischer Sicht. akzente. Leipzig 1971, S. 114-139 (S. 131-132).

S. 41 *Für Brecht war*. Brecht, Martin (1986), S. 27.

S. 41 „*Philipp Melanchthon zwang*". Hintzenstern, Herbert v. (1982), S. 50.

S. 42 „*Man muß die*". Delius, Hans-Ulrich (Hrsg.): Martin Luther-Studienausgabe. Band 3. Ein Sendbrief D. M. Luthers. Vom Dolmetschen und Fürbitte der Heiligen, 1530. Berlin 1983, S. 477-479.

S. 43 „*Unter keinem Volk*". Nach Maess, Thomas (Hrsg.) (1983), S. 6.

S. 43 „*Die Deutschen sind*". Brief Johann Wolfgang von Goethes vom 29. Mai 1819 an Blumenthal.

183

S. 43   „*Von meiner Sach*". WA Br 2, 455, 21-26.

S. 44   „*den was durch*". WA W 8, 679, 26f.

S. 53   „*Zwingli ist heiligen*". WA Br 4, 272, 38.

S. 57   „*ausfällige(s) und unflätige(s)*". Erben, Norbert (1987), S. 102.

S. 57   „*Die Juden sind*". WA W 51, 195, 39f.

S. 58   „*Man soll den*". Nach Mock, Albert (1985), S. 74.

S. 58   „*menschlich nur schwer*". Läpple, Alfred: Martin Luther. Leben, Bilder, Dokumente. München-Zürich 1982. Nach Mock, Albert (1985), S. 74.

S. 60   „*Ach, dahin ist*". Klein, Tim (Hrsg.) (1917), S. 198.

S. 64   „*Meine Eltern haben*". WA Tr 3, 416, 23.

S. 65   „*Die frühzeitige Knickung*". Hausrath, Adolf (1905), Band I, S. 20.

S. 65   „*Kern pathogener Kindheitserlebnisse*". Reiter, Paul Johann (1941), Band II, S. 524.

S. 65   „*ganze ethische Einstellung*". Reiter, Paul Johann (1937), Band I, S. 364.

S. 65   *Bisexualität bei Luther.* Erikson, Erik Homburger (1975), S. 77f.

S. 65   „*ein geradezu klassischer*". Mock, Albert (1985), S. 32.

S. 65   „*ein Totschläger war*". Mock, Albert (1985), S. 46.

S. 66   „*der ihm im*". Mock, Albert (1985), S. 33.

S. 66   „*Sie meinten's herzlich*". WA Tr 3, 416, 2.

S. 66 „*Trost habe ich*". WA Br 5, 354, 9-10. Brief Luthers vom 7. Juni 1530 von der Veste Coburg an Philipp Melanchthon.

S. 66 „*Ich selbst versuchte*". Küchenmeister, Friedrich (1881), S. 15-16 (Kommentar zum Galaterbrief I. p. 107).

S. 67 „*Ich hätte mich*". Küchenmeister, Friedrich (1881), S. 13.

S. 67 „*Martinus ist nur*". Nach Wendelborn, Gert (1983), S. 119. Petrus Mosellanus beschreibt Luther während der Leipziger Disputation vom 27. Juni bis 17. Juli 1519.

S. 69 „*einer natürlich zimlichen*". Nach Erben, Norbert (1987), S. 65.

S. 69 „*Ich war müde*". WA Tr 4, 670, 24.

S. 69 „*Gleitschiene zur Adipositas*". Völker, Arina (1983), S. 535.

S. 70 „*ein hart brennend*". Neudecker, Christian Gotthold (Hrsg.) (1850), S. 41.

S. 70 „*Da wäre ich*". WA Tr 1, 46, 18.

S. 71 „*Man weiß wohl*". Nach Becke, Ulrich (1981), S. 44.

S. 71 „*Das Luther an*". Neudecker, Christian Gotthold (Hrsg.) (1850), S. 58.

S. 75 „*allgemeinen Unwohlsein*". Wa Tr 4, 137, 3.

S. 76 „*Wir kamen sehr*". WA Br 1, 209, 5.

S. 76 „*Lebe inzwischen wohl*". Wartenberg, Günther (Hrsg.) (1983), S. 42-43.

S. 76 „*überfiel ihn eine*". Lingke, Johann Theodor: D. Martin Luthers merkwürdige Reisegeschichte ..., Leipzig 1769, S. 90ff.

S. 77 „*Ich komme, mein*". WA Br 2, 298, 5.

S. 78   *„noch hat mich"*. WA Br 2, 355, 20-21.

S. 78   *„durch nicht bloß"*. WA Br 2, 298, 5.

S. 79   *„Der Herr schlug"*. WA Br 2, 334, 1-5.

S. 80   *„Mein arss ist"*. WA Br 2, 334, 18.

S. 80   *„Ich habe hier"*. WA Br 2, 338, 1.

S. 80   *„Wie noch nie"*. WA Br 2, 355, 22-23.

S. 80   *„Der Schloßhauptmann bewirtet"*. WA Br 2, 355, 19.

S. 80   *„Schon acht Tage"*. WA Br 2, 357, 21-27.

S. 80   *„Übrigens werde ich"*. WA Br 2, 361, 30; 2, 362, 1-2.

S. 81   *„Ich habe nun"*. WA Br 2, 364, 16-18.

S. 81   *„Meine Hartleibigkeit wird"*. Nach Ebstein, Wilhelm (1908), S. 12.

S. 81   *„Über meine Gesundheit"*. WA Br 2, 376, 22-25.

S. 81   *„dem sauersüßen Vergnügen"*. WA Br 2, 381, 7-8. Brief Luthers vom
         15. August 1521 an Georg Spalatin.

S. 81   *„Ich bin aber"*. WA Tr (Anton Lauterbach) Nr. 3811, 17-18.

S. 82   *„Heut hatte ich"*. WA Br 2, 388, 8ff.

S. 82   *„Mein After und"*. WA Br 2, 395, 3-4. Brief Luthers vom 7. November
         1521 an Georg Spalatin.

S. 82   *„Glaube mir, ich"*. WA Br 2, 397, 17-21.

S. 82   *„und weil es"*. Neudecker, Christian Gotthold (Hrsg.) (1850), S. 54.

S. 83   „*Anno 1546, als*". WA Tr (Johannes Aurifaber) Nr. 6816, 13-34.

S. 86   *Küchenmeister war der*. Küchenmeister, Friedrich (1881), S. 42-43 war der
         Meinung, daß Luther sich bei der Kindtaufe des Bernhard Hebräus
         „etwas übernommen hatte" und leitete seine Vermutung aus einer Er-
         zählung Melanchthons her, in der es heißt: „Dr. Martin aber brach aus
         Katzenjammer (propter cruditatem)."

S. 87   „*Sonst nichts Neues*". WA Br 3, 65, 5.

S. 87   „*Morgen muß ich*". WA Tr (Anton Lauterbach und Hieronymus Weller)
         Nr. 3476, 15-16.

S. 87   „*Man mus jo*". WA Tr (Anton Lauterbach und Hieronymus Weller) Nr.
         3476, 18-22.

S. 87   „*Ich habe neulich*". WA Tr (Anton Lauterbach und Hieronymus Weller)
         Nr. 3468, 25-26 (1. Seite); Nr. 3468, 1-10 (2. Seite).

S. 88   „*alt Krankheit des*". WA Br 9, 119, 6.

S. 89   „*So wird ihm*". Neudecker, Christian Gotthold (Hrsg.) (1850), S. 58f.

S. 90   „*Solche gerühmte Mäßigkeit*". Nach Völker, Arina (1983), S. 535. (Zitiert
         aus Alberti, Michael: Historische, physicalische und medicinische Ab-
         handlung der Gesundheit, der Kranckheiten und der Art des Todes des
         seeligen Lutheri. Wöchentliche Hallische Anzeigen Nr. VII, Sp. 105-
         115, 1751).

S. 90   „*Ich gehe abermahl*". WA Tr 4, 334, 27.

S. 91   „*wie gefällig die*". WA Br 4, 150, 2-3. Brief Luthers vom 1. Januar 1527 an
         Georg Spalatin in Altenburg.

S. 91   „*Es ist wahr*". WA Br 4, 160, 26; 4, 161, 1-4.

S. 93   „*klaget aber über*". Feldmann, Harald (1989), S. 29-30.

S. 94   „*Denn er sagt*". Feldmann, Harald (1989), S. 30-31.

S. 94   „*Ich ... werde durch*". WA Br 5, Nr. 1377, 13f.

S. 94   „*Ich habe bis*". WA Br 5, Nr. 1381, 17-19.

S. 95   „*Auch wurde ich*". WA Br 4, 221, 13-16.

S. 95   „*Ich habe eine*". WA Br 4, 222, 6-8.

S. 95   „*Ich bin mehr*". WA Br 4, 227, 5-7.

S. 95   „*Bete doch bitte*". WA Br 4, 232, 11-12; 4, 232, 17.

S. 95   „*Ich bleibe. Wegen*". WA Br 4, 233, 11-12.

S. 96   „*den Grossen Melancholieanfall*". Reiter, Paul Johann (1941), Band II, S. 560.

S. 96   „*Der Anfall als*". Reiter, Paul Johann (1941), Band II, S. 112.

S. 96   „*hochfieberhafter Infekt*". Grossmann, Eberhard (1954), S. 29.

S. 96   „*mit einer hefftigen*". Nach Völker, Arina (1983), S. 535. (Zitiert aus Alberti, Michael: Historische, physicalische und medicinische Abhandlung der Gesundheit, der Kranckheiten und der Art des Todes des seeligen Lutheri. Wöchentliche Hallische Anzeigen Nr. VII, Sp. 105-115, 1751).

S. 97   „*Christus möge bewirken*". WA Br 4, 276, 24-33.

S. 97   „*Die Pest ist*". WA Br 4, 299, 7.

S. 98   „*Ich leide schon*". WA Br 5, Nr. 1377, 13f.

S. 98   „*an Schwindel oder*". WA Br, Nr. 1381, 17-19. Brief Luthers vom 13. Februar 1529 an Nikolaus Hausmann in Zwickau.

S. 98 *so daß Küchenmeister.* Küchenmeister, Friedrich (1881), S. 62 ging irrtümlich davon aus, daß in Europa eine Grippeepidemie vorherrschte, die sich in dieser Zeit auch in Sachsen ausgebreitet habe.

S. 98 *die Ebstein allerdings.* Ebstein, Wilhelm (1908), S. 16 teilte Küchenmeisters Ansicht nicht und versuchte das Mißverständnis aufzuklären.

S. 99 *„Pestis illa Anglica".* WA Br 5, 138, 13; 5, 139, 1.

S. 99 *„düster, schon physisch".* Friedenthal, Richard (1979), S. 619.

S. 100 *„Aber wir wollen".* WA Br 5, 155, 6-7.

S. 100 *„Wir seind noch".* WA Br 5, 155, 15; 5, 156, 1.

S. 101 *„Sie seind hier".* WA Br 5, 156, 7-8.

S. 101 *„Am Ende baten".* Wartenberg, Günther (Hrsg.) (1983), S. 156-157.

S. 103 *„Meine Krankheit war".* Nach Ebstein, Wilhelm (1908), S. 15.

S. 104 *an Melanchthon gerichteten.* Küchenmeister, Friedrich (1881), S. 65.

S. 104 *„colossalen Wohngebäude, ihren".* Küchenmeister, Friedrich (1881), S. 66. Brief Luthers an Philipp Melanchthon.

S. 104 *„füge ich euch".* Klein, Tim (Hrsg.) (1917), S. 159.

S. 104 *„Meine Tibia will".* WA Br 5, 298, 9-11.

S. 105 *„Lieber Er Doctor!"* WA Br 5, 311, 26. Luther hatte sich von Dr. Kaspar Lindemann in Augsburg Arzneimittel zur „Häupt- und Herzstärkung" erbeten. Sein Landesherr, Kurfürst Johann, teilt ihm mit, daß die erbetene Arznei durch Boten überbracht wird.

S. 106 *„Mein Kopf fängt".* WA Br 5, 136, 13.

S. 106 *„Ich litt an "*. WA Br 5, 349, 27-29; 5, 350, 1-2.

S. 106 *„trotz des mehrwöchentlichen "*. WA Br 5, 381, 14-16.

S. 106 *„Wir leben hier "*. WA Br 5, 382, 5-7. Brief Luthers vom 19. Juni 1530 an Gabriel Zwilling in Torgau.

S. 107 *„Ich lebe hier "*. WA Br 5, 406, 1-6; 5, 406, 8-10.

S. 107 *„Sorge Dich nicht "*. WA Br 5, 516, 23-24; 5, 517, 1-5.

S. 107 *„Da ich anno "*. Küchenmeister, Friedrich (1881), S. 68.

S. 107 *„Mein Kopf ist "*. WA Br 5, 524, 35.

S. 108 *„in dem tags zuvor "*. WA Br 5, 525, 3ff.

S. 108 *„Ich bin seit "*. WA Br 5, 549, 15. Der Lorenztag ist der 10. August.

S. 108 *„Wir essen hie "*. WA Br 5, 546, 8.

S. 108 *„Wer Dir gesagt "*. WA Br 5, 609, 8-9.

S. 108 *„Fast diese ganze "*. WA Br 5, 633, 1-9.

S. 109 *„Und ist je "*. WA Br 5, 644, 27-29. (Original: und ist ia war, das ich diesen somer mehr denn der helfft hab müssen feyern dem sausen und rauschen ym heubt.)

S. 109 *„Mein Kopf summt "*. WA Br 5, 682, 15.

S. 110 *„nothgedrungen, dem Kopfe "*. Küchenmeister, Friedrich (1881), S. 70.

S. 110 *„Ich nehme sehr "*. WA Br 6, 52, 4.

S. 110 *„Mich peinigt der "*. Küchenmeister, Friedrich (1881), S. 71.

S. 110 „*Wir haben das*". Küchenmeister, Friedrich (1881), S. 70f.

S. 110 „*Am 22. Januar befiel*". WA Tr (Veit Dietrich) Nr. 157, 22-24 und 36-38.

S. 111 „*dass ich weder*". Küchenmeister, Friedrich (1881), S. 72. Brief Luthers vom 28. März 1532 an Kurfürst Johann zu dessen Geburtstag.

S. 111 „*Ich bin so*". WA Tr 1, 189, 5-11.

S. 112 „*Aengstige (Dich) also nicht*". WA Br 5, 517, 5.

S. 112 „*Unsere Aerzte meinen*". Küchenmeister, Friedrich (1881), S. 73.

S. 112 „*Es klagete einer*". Aurifaber, Johannes (1566) „Von Doctor Martin Luthers Schwindel Oder Heubtwehe", S. 493.

S. 113 „*Mir hilft nichts*". Nach Ebstein, Wilhelm (1908), S. 19.

S. 113 „*Heute erschien er*". Küchenmeister, Friedrich (1881), S. 74.

S. 113 „*Ich habe appeliert*". WA Tr 3, 292, 30.

S. 116 „*aliis faveo, die*". WA Tr (Anton Lauterbach) Nr. 3684, 30-31.

S. 116 „*Ich eße, was*". WA Tr (Anton Lauterbach) Nr. 3757, 27.

S. 117 „*ob es wahr*". Küchenmeister, Friedrich (1881), S. 50.

S. 117 „*Bistu voll, so*". WA Tr (Anton Lauterbach) Nr. 3804, 17-19.

S. 117 „*Unser Hergott muß*". WA Tr (Johann Mathesius) Nr. 4917, 20-23.

S. 118 „*Drumb waren des*". Aurifaber, Johannes (1566) „Worumb Kranckheiten komen", S. 492.

S. 118 „*Da mußt ich*". WA Br 7, 91, 7-16.

S. 119 *„Es hat mir"*. Küchenmeister, Friedrich (1881), S. 75.

S. 119 *„eine ganz nüchterne"*. Küchenmeister, Friedrich (1881), S. 75.

S. 119 *„Ich bin gezwungen"*. WA Br 7, 329, 4.

S. 119 *„Ich bin dieses"*. WA Br 7, 406, 6.

S. 120 *„Im übrigen bin"*. WA Br 7, 410, 4.

S. 120 *„dann ich für"*. WA Br 7, 425, 3.

S. 120 *„Ich schreibe nicht"*. WA Br 7, 428, 2ff.

S. 120 *„Da D. Luther zum"*. Neudecker, Christian Gotthold (Hrsg.) (1850), S. 61-62.

S. 122 *„ward Lutherus In"*. Neudecker, Christian Gotthold (Hrsg.) (1850), S. 105.

S. 122 *„Da fiel Ihm"*. Neudecker, Christian Gotthold (Hrsg.) (1850), S. 105.

S. 122 *„Der Calculus setzte"*. CR 3, 269.

S. 123 *„bey einer beschwerlichen"*. Alberti, Michael: Fernere Historisch- und medicinische Abhandlung von des seeligen Lutheri Gesundheit, Krankheiten und Tod. Wöchentliche Hallische Anzeigen Nr. IX, Sp. 137 bis 146 (1751).

S. 124 *„und hat der"*. Küchenmeister, Friedrich (1881), S. 81.

S. 124 *„Denn ich selber"*. WA Br 8, 51, 22-26; 8, 51, 1-3; 8, 51, 11-14; 8, 51, 1-9.

S. 124 *„daß die beschwerliche"*. Nach Völker, Arina (1983), S. 537.

S. 125 *„Ich hörte, daß"*. CR 3, 297.

S. 125   „*Es ist Gott*". WA Tr (Anton Lauterbach und Hieronymus Weller) Nr. 3543 B, 28-34 (4. Seite).

S. 125   „*Ob Herr, höre*". WA Tr (Anton Lauterbach und Hieronymus Weller) Nr. 3543 B, 1-2 (5. Seite).

S. 125   „*Durch Gottes Güte*". CR 3, 327.

S. 126   „*bin aber so*". WA Br 8, 161, 4.

S. 126   „*Als ich in*". WA Tr (Anton Lauterbach) Nr. 3733, 12-18.

S. 126   „*Als er zu*". Aurifaber, Johannes (1566) „Das man den Krancken zur Stercke geben sol", S. 492.

S. 129   „*ein recht hämisch*". WA Tr 4, 21, 2.

S. 129   „*Ah, liber Gott*". WA Tr (Anton Lauterbach) Nr. 3733, 10-12.

S. 129   „*Wir essen vns*". WA Tr 2, 214, 11-13.

S. 130   „*Die Krankheit steigerte*". Ebstein, Wilhelm (1908), S. 27.

S. 130   „*Da Doctor Martinus*". Aurifaber, Johannes (1566) „Gesunder Leib ist Gottes Gabe", S. 492.

S. 132   „*Bei uns fängt*". Küchenmeister, Friedrich (1881), S. 94.

S. 132   „*Meine liebe Jungfer*". WA Br 9, 174, 22-26.

S. 132   „*Obgleich sehr beschäftigt*". Küchenmeister, Friedrich (1881), S. 95.

S. 133   „*viel Ausfluß, Schleim*". Erben, Norbert (1987), S. 50.

S. 133   „*Unterdessen gibt es*". WA Br 9, 366, 32.

S. 133   „*Ich fange an*". WA Br 9, Nr. 3607, S. 383f.

S. 133 „*Doch schlafe ich*". WA Br 9, 390, 24.

S. 133 „*verbundene hochgradige Schwerhörigkeit*". Ebstein, Wilhelm (1908), S. 30.

S. 134 „*Bitte Gott, dass*". WA Br 10, 55, 5.

S. 134 „*Ferner musst Du*". Küchenmeister, Friedrich (1881), S. 98.

S. 134 „*und im Jahre*". Ebstein, Wilhelm (1908), S. 32.

S. 136 „*ich bin steingeplagt*". WA Br 10, 334, 7.

S. 137 „*wurde er vom*". Nach Erben, Norbert (1987), S. 55.

S. 137 „*Ich sehne mich*". Küchenmeister, Friedrich (1881), S. 99.

S. 138 „*hinlänglich genug am*". Küchenmeister, Friedrich (1881), S. 99.

S. 138 „*Doktor Martin Luther*". Schubart, Christof: Die Berichte über Luthers Tod und Begräbnis. Texte und Untersuchungen. Weimar 1917, Nr. 1; 16.

S. 139 „*denn mein Kopf*". Küchenmeister, Friedrich (1881), S. 100.

S. 139 „*alt, abgelebt, träge*". WA Br 11, 278, 18.

S. 139 „*In der vergangenen*". WA Br 11, 120, 2ff.

S. 141 „*Er war aufgebracht*". Nach Erben, Norbert (1987), S. 78.

S. 141 „*Ich kam endlich*". WA Br 11, 168, 2.

S. 142 „*Nicht daß uns*". WA Br 11, 269, 9-12.

S. 142 „*Auf dem Wege*". WA Br 11, 278, 18ff.

S. 143 „*Deshalb brachte man*". Küchenmeister, Friedrich (1881), S. 106.

S. 143 „*Liebe Kethe! Ich*". WA Br 11, 275, 28-29; 11, 276, 7-8; 11, 276, 16-18.

S. 143 „*Sonst haben zu*". WA Br 11, 284, 15-16.

S. 143 „*Las mich zu*". WA Br 11, 286, 1-5; 11, 288, 7-13.

S. 143 „*Ich beeile mich*". WA Br 11, 4208.

S. 144 „*Wir hoffen, diese*". WA Br 11, 300, 22-23.

S. 144 „*Wir haben hier*". WA Br 11, 300, 10-12.

S. 144 „*Anno 1546, am*". WA Tr (Johannes Aurifaber) Nr. 6975, 19-24.

S. 144 „*Mir wird aber*". Küchenmeister, Friedrich (1881), S. 108.

S. 145 „*Ach, Herr Gott*". Küchenmeister, Friedrich (1881), S. 109.

S. 145 „*Ja es ist*". Küchenmeister, Friedrich (1881), S. 109.

S. 146 „*Mir ist sehr*". Küchenmeister, Friedrich (1881), S. 109.

S. 146 „*konnte Niemand merken*". Klein, Tim (Hrsg.) (1917), S. 197.

S. 147 „*wirft man Luther*". Klein, Tim (1917), S. 298-300.

S. 149 „*Das sind die*". Berkhan, Oswald (1881), S. 803.

S. 150 „*Es wird versucht*". Grossmann, Eberhard (1956), S. 289.

S. 150 *Für Reiter war*. Reiter, Paul Johann (1941), Band II, S. 54-57.

S. 150 „*Alcoholismus chronicus mässiger*". Reiter, Paul Johann (1941), Band II, S. 57-64 (S. 63).

S. 155 „*Ich acht, es*". WA Br 5, 644, 1ff.

S. 157 „*mit gesenkter, leiser*“. Brecht, Martin (1990), S. 433.

S. 159 „*Ich sitze wie*“. WA Br 2, 338, 1.

S. 160 „*Das thun wir*“. WA W 8, 682, 32.

S. 163 „*Luther ist düster*“. Friedenthal, Richard (1979), S. 619.

S. 163 „*Der Abendmahlstreit war*“. Erben, Norbert (1987), S. 69.

S. 164 „*wie ganz anders*“. Hoffmann-Axthelm, Walter: Weltgeschichte im Spiegel von Krankheiten – Buchrezension. ZM – Zahnärztliche Mitteilungen Nr. 6 (1993), S. 59.

S. 164 „*Zwingli ist heiligen*“. WA Br 4, 272, 38.

S. 166 „*Mir ist kein*“. Dieck, Alfred: Mitteilungen der Luthergesellschaft 27 (1956), S. 35-39 (S. 35).

S. 168 „*Ich hoffe, daß*“. WA Br 5, 640, 23-25.

S. 168 „*Ein Mensch, der*“. Brecht, Martin (1986), S. 395.

S. 171 „*Er hat weit*“. Klein, Tim (1917), S. 227-228.

S. 172 „*in eine(r) unbequeme(n)*“. Erben, Norbert (1987), S. 85.

S. 173 „*er müsse Moritz*“. WA Tr 5, 144, 15-22.

S. 173 „*dabei in eine*“. Erben, Norbert (1987), S. 81.

S. 173 „*Hoc unum me*“. Nach Erben, Norbert (1987), S. 76.

S. 174 „*streitsüchtigen alten Mann*“. Erben, Norbert (1987), S. 73.

S. 176 „*Ruft man mich*“. Klein, Tim (1917), S. 58.

Briefzitate: Die Mehrzahl aller Briefzitate (Weimarer Ausgabe = WA) wurde dem Werk entnommen: Luthers Werke. hrsg. von Otto Clemen. 6. Band. Luthers Briefe. hrsg. von Hanns Rückert. 3. verb. Aufl. Berlin 1966.

Tischredenzitate: Die Mehrzahl aller Tischredenzitate (Weimarer Ausgabe = WA) wurde dem Werk entnommen: Luthers Werke. hrsg. von Otto Clemen. 8. Band. Die Tischreden Martin Luthers. hrsg. von Otto Clemen. 3. Aufl. Berlin 1962.

Literatur

Aland, Kurt (Hrsg.): Martin Luther. Tischreden. Stuttgart 1981

Alberti, Michael: De sanitate, morbis et morte b. Lutheri. Halle: Inaug.-Diss. (Med. Fak., E. H. Garmann als Respondens) 1750

Alberti, Michael: Fortgesetzte historische und medicinische Nachricht und Betrachtung der Kranckheiten und des Todes des seeligen Lutheri. Wöchentliche Hallische Anzeigen Nr. VIII, Sp. 121-130 (1751)

Aurifaber, Johannes: Tischreden Oder COLLOQVIA DOCT. Mart: Luthers/So er in vielen Jaren/gegen gelarten Leuten/... Eisleben 1566

Becke, Ulrich: Die Welt voll Teufel. Martin Luther als Gegenstand psychohistorischer Betrachtung. Marburg: Theol. Diss. 1981

Berkhan, Oswald: Die nervösen Beschwerden des Dr. Martin Luther. Arch. Psychiatr. 11 (1881), 798-803

Blaschke, Karlheinz: Luthers Leben, Werk und Wirkung. Berlin 1983

Bleuler, Eugen: Lehrbuch der Psychiatrie. 13. neubearb. Aufl. Berlin-Heidelberg-New York 1975

Boehmer, Heinrich: Luther im Lichte der neueren Forschung. 5. Aufl. Leipzig 1918

Böhmer, Wolfgang: Martin Luther und das Wittenberger Medizinalwesen zu seiner Zeit, in: die zeichen der zeit 37 (1983), 107-116

Braun, Adolf: Krankheit und Tod im Schicksal bedeutender Menschen. 2. Aufl. Stuttgart 1940

Braun, Birgit: Luthers Stellung zur Medizin aus seinen Tischreden. Düsseldorf: Med. Diss. 1967

Brecht, Martin: Martin Luther. Erster Band. Sein Weg zur Reformation 1483-1521. 3., durchges. Aufl. Stuttgart 1990

Brecht, Martin: Martin Luther. Zweiter Band. Ordnung und Abgrenzung der Reformation 1521-1532. Stuttgart 1986

Brecht, Martin: Martin Luther. Dritter Band. Die Erhaltung der Kirche 1532-1546. Stuttgart 1987

Brendler, Gerhard: Martin Luther – Theologie und Revolution. Berlin 1983

Bürck, Max: Luthers Botschaft an seine lieben Deutschen. Freiburg i. Br. 1933

Burkhardt, C.A.H.: Nachträge zu Luther's Krankengeschichte. Korresp. bl. Allg. Ärztl. Verein Thüringen 11 (1882), 213-222

Clemen, Carl: Die Entstehung des Neuen Testaments. Berlin und Leipzig 1919

Clemen, Otto (Hrsg.): Luthers Werke. 8. Band. Die Tischreden Martin Luthers, hrsg. v. Otto Clemen. 3. Aufl. Berlin 1962

Clemen, Otto (Hrsg.): Luthers Werke. 6. Band. Luthers Briefe, hrsg. v. Hanns Rückert. 3.verb. Aufl. Berlin 1966

CR: Corpus Reformatorum

Degering, Hermann: Aus Luthers Frühzeit. Briefe aus dem Eisenacher und Erfurter Lutherkreise. 1497 bis 1510. Zentralblatt für Bibliothekswesen Jg. 33. Leipzig 1916, S. 69-95

Denifle, Heinrich: Luther und Luthertum in der ersten Entwicklung. Quellenmäßig dargestellt. 2 Bde. Mainz 1904/05

Die Bibel oder die ganze Heilige Schrift des Alten und Neuen Testaments, nach der deutschen Uebersetzung Dr. Martin Luthers. 896. Aufl. Halle a. S. 1879

Diwald, Hellmut: Luther. Eine Biographie. Bergisch Gladbach 1982

Ebstein, Wilhelm: Dr. Martin Luthers Krankheiten und deren Einfluss auf seinen körperlichen und geistigen Zustand. Stuttgart 1908

Emme, Dietrich/Emme, Barbara (Hrsg.): Martin Luther. Traktat über das Kirchliche Asylrecht. Regensburg 1985

Emme, Dietrich: Martin Luther. Seine Jugend- und Studentenzeit 1483-1505. 4. überarb. u. erg. Aufl. Regensburg 1986

Emme, Dietrich: Martin Luthers Weg ins Kloster. Regensburg 1991

Erben, Norbert: Leben und Werk Martin Luthers aus medizinischer Sicht – ein Interpretationsversuch. Rostock: Med. Diss. 1987

Erikson, Erik Homburger: Der junge Mann Luther. Frankfurt/M. 1975

Feldmann, Harald: Martin Luthers Anfallsleiden. Sudhoffs Archiv, Band 73, Heft 1 (1989), 26-44

Feldmann, Harald: Die Geburt einer Krankheit, dargestellt am Beispiel des Morbus Menière. Laryngo-Rhino-Otol. 72 (1993), 1-8

Friedenthal, Richard: Luther. Sein Leben und seine Zeit. 5. Aufl. München-Zürich 1979

Friz, J. (Hrsg.): Deutsche Luther-Briefe. Leipzig o. J.

Gaude, Werner: Zur Krankengeschichte Martin Luthers. In: Beiträge zur Geschichte der Universität Erfurt (1392-1816). Heft 19 (1979-1983), 113-163

Grisar, Hartmann: Luther. 3 Bde. 2. Aufl. Freiburg 1911/12

Grossmann, Eberhard: Beitrag zur psychologischen Analyse Luthers und Calvins. Berlin: Med. Diss. 1954

Grossmann, Eberhard: Beitrag zur psychologischen Analyse der Persönlichkeit Dr. Martin Luthers. Mschr. Psychiat. Neurol. 132 (1956), 274-290

Hahn, Susanne: Martin Luther – Was sagt er uns Ärzten heute? Z. Ges. inn. Med. 38 (1983), 540-544

Halder, Annemarie: Das Harnsteinleiden Martin Luthers. München: Med. Diss. 1969

Haring, Claus: Psychiatrie. 1., durchges. Nachdruck. Stuttgart 1991

Hausrath, Adolf: Luthers Leben. 2 Bände. Berlin 1905

Hintzenstern, Herbert v.: 300 Tage Einsamkeit. Dokumente und Daten aus Luthers Wartburgzeit. 2., bearb. Aufl. Berlin 1982

Junghans, Helmar: Leben und Werk Martin Luthers von 1526 bis 1546. Festgabe zu seinem 500. Geburtstag. 2. Aufl. Berlin 1985, 11-37

Kawerau, Gustav: Etwas vom kranken Luther. Dtsch.-evang. Bl. Z. gesamten Bereich dtsch. Protestantismus 24 (1904), 303-316

Klein, Tim (Hrsg.): Luther. Deutsche Briefe, Schriften, Lieder, Tischreden. München-Ebenhausen-Leipzig 1917

Kluxen, Guido: Sehstörungen des Apostels Paulus. Dtsch. Ärztebl. 90 (1993), 1457-1459

Köstlin, Julius: Luthers Leben. Leipzig 1882

Küchenmeister, Friedrich: Dr. Martin Luthers Krankengeschichte. Leipzig 1881

Lange-Eichbaum, Wilhelm: Genie, Irrsinn und Ruhm. 5. Aufl. München-Basel 1961

Leiber, Bernfried/Olbrich, Gertrud: Wörterbuch der klinischen Syndrome. 3., erw. u. überarb. Aufl., München-Berlin 1963

Lohse, Bernhard: Martin Luther. Leben und Werk. 2., durchges. Aufl. München 1983

Looß, Sigrid: Luther in Worms 1521. Berlin 1983

Lortz, Joseph: Die Reformation in Deutschland. Erster Band: Voraussetzungen. Aufbruch. Erste Entscheidung. Freiburg i. Br. 1940

Lortz, Joseph: Die Reformation in Deutschland. Zweiter Band: Ausbau der Fronten. Unionsversuche. Ergebnis. Freiburg i. Br. 1940

Maess, Thomas (Hrsg.): Dem Luther aufs Maul geschaut. 2. Aufl. Leipzig 1983

Masuhr, Karl F./ Neumann, Marianne: Neurologie. 2., überarb. u. erw. Aufl. Stuttgart

Mertz, Dieter Paul: Geschichte der Gicht. Stuttgart-New York 1990

Mock, Albert: Abschied von Luther. Psychologische und theologische Reflexionen zum Lutherjahr. 2. Aufl. Köln 1985

Möbius, Paul Julius: Anzeige seiner Abhandlungen „Ein Grundproblem aus Luthers Seelenleben", die in der Kölner Volkszeitung (Literarische Beilage) 1905, Nr. 40f erschienen. Schmidts Jb. Ges. Med. 288 (1905), 264

Mönkemöller, Eduard Otto: Kritik des Buches von Hartmann Grisar S. J.: Über Luther und Luthers psychische Konstitution. Psychiatr.-neurol. Wschr. 16 (1914), 239-245, 256-258, 284

Mülhaupt, Erwin: Luthers Kampf mit der Krankheit. Mitteilungen der Luthergesellschaft 29 (1958), 115-123

Neudecker, Christian Gotthold (Hrsg.): Die handschriftliche Geschichte Ratzeberger's über Luther und seine Zeit. Jena 1850

Neumann, Hans-Joachim: Der kranke Luther. Z. klin. Med. 41 (1986), 939-942

Neumann, Hans-Joachim: Martin Luther – Reformator und Psychopath? HNO Informationen 19 (1994), 3, 19-25.

Neumann, Hans-Joachim/Erben, Norbert: Leben und Werk Martin Luthers aus medizinischer Sicht – ein Interpretationsversuch. Sudhoffs Archiv Band 72, Heft 2 (1988), 185-198

Oeken, Friedrich-Wilhelm/Plath, Peter/Federspil, Pierre: Hals-Nasen-Ohren-Heilkunde. Siebte, völlig neubearb. u. erw. Aufl. Berlin 1993
Oergel, Georg: Vom jungen Luther. Beiträge zur Lutherforschung. Erfurt 1899

Pesch, Otto Hermann: Hinführung zu Luther. Mainz 1982
Plöse, Detlef/Vogler, Günter (Hrsg.): Buch der Reformation. Berlin 1989
Poeck, Klaus: Neurologie. 8., überarb. u. erw. Aufl. Berlin-Heidelberg-New York 1992

Reichelt, Georg: Luther und seine Ärzte. „Die Kirche" 7. 11. 1982
Reiter, Paul J.: Martin Luthers Umwelt. Charakter und Psychose. I. Die Umwelt. Kopenhagen 1937
Reiter, Paul J.: Martin Luthers Umwelt. Charakter und Psychose. II. Luthers Persönlichkeit, Seelenleben und Krankheiten. Kopenhagen 1941
Rößling, Udo/Ambros, Paul: Reisen zu Luther. 2. Aufl. Berlin-Leipzig 1988
Roggenkamp, Johanna: Dr. med. Paulus Luther. Materia Medica Nordmark (Uetersen) XIV/10 1967, 605-609

Siegenthaler, Walter/Kaufmann, Werner/Hornbostel, Hans/Waller, Hans D.: Lehrbuch der inneren Medizin. 3., neubearb. u. erw. Aufl. Stuttgart-New York 1992

Völker, Arina: Martin Luther und seine Ärzte. Z. Ges. inn. Med. 38 (1983), 533-539

WA Tr D. Martin Luthers Werke: Kritische Gesamtausgabe – Tischreden. Weimar 1912-1921
WA Br D. Martin Luthers Werke: Kritische Gesamtausgabe – Briefwechsel. Weimar 1930ff.
WA W D. Martin Luthers Werke: Kritische Gesamtausgabe – Werke. Weimar 1883ff.
Wallmann, Johannes: Luthers Stellung zu Judentum und Islam. Luther. Z. Luther-Ges. Göttingen 57 (1986), 2, 49-60
Wartenberg, Günther (Hrsg.): Martin Luther. Briefe. Eine Auswahl. Leipzig 1983
Wendelborn, Gert: Martin Luther. Leben und reformatorisches Werk. Berlin 1983
Wessel, Klaus: Luther auf der Wartburg. Eisenach 1955

Glossar

abdominell	den Bauch betreffend
Adipositas	Fettsucht
Aer infectus	„infektiöse Luft"
ätiologisch	ursächlich
Alterationen	ungewöhnliche Veränderungen
Anamnese	Vorgeschichte einer Krankheit
Angina pectoris	Brustenge oder -beklemmung; plötzlich einsetzende Schmerzen im Brustkorb, die in die Schulter-Arm-region bzw. zum Hals ausstrahlen
Angstsyndrom, funktionelles	unangenehm empfundener emotionaler Zustand ohne realen Auslöser
apoplektisch	zu Schlaganfällen neigend; an den Folgen eines Schlaganfalls leidend
Arteriosklerose	Arterienverkalkung
Arthritis	Gelenkentzündung
Arthritis urica	Gicht
atonisch-hypokinetisch	schlaff-unbeweglich
blande	mild verlaufend
Blutkoagulum	Blutgerinnsel
Cardialgie	Magenneurose
Cardiogmus	ältere Bezeichnung, s. Cardialgie

203

degenerativ	die Degeneration betreffend; Degeneration = Entartung zellulärer Strukturen infolge Schädigung der Zelle
Diathese, harnsaure	Neigung zu Gicht
differential-diagnostisch	ähnliche Krankheitsbilder unterscheidend
Diurese	Ausscheidung von Harn
Durstexsikkose	Austrocknung durch Durst, Abnahme des Gesamtkörperwassers
Dysenterie	Ruhr
endogen	im Körper selbst entstanden
Endolymphe	die Flüssigkeit im häutigen Labyrinth (Innenohr)
Fluxionen	das Fließen, der Fluß (Rheumatismus)
Fontanelle	kleine Quelle
gastralgisch	an Magenschmerzen leidend
gastro-kardial	die Magen-Herz-Region betreffend
Gicht, primäre oder sekundäre	primäre: angeborener Stoffwechseldefekt; sekundär: erworben, z.b. bei Nierenfunktionsstörungen
Hämaturie	krankhafte Ausscheidung von Erythrozyten (rote Blutkörperchen) im Urin
Herzaffektionen	Befall des Herzens durch eine Krankheit
Hypertonus	Hochdruck
Hyperurikämie	erhöhte Harnsäurekonzentration im Blut
hypochondrisch	sich eine Krankheit einbildend
hysterisch	an Überspanntheit leidend
Intertrigo	Wundreiben, sog. Wolf; rote, juckende und brennende Hautveränderungen in den Körperfalten
kardiovaskulär	Herz und Gefäße betreffend
Konkrement	feste Masse, die durch Ausfällung vorher gelöster Stoffe in Körperhöhlen oder im Gewebe gebildet wird (z.b. Blasensteine, Gallensteine)

Klystiertherapie	Behandlung durch Darmeinlauf
Koronarsklerose	Verengung oder Verschluß eines oder mehrerer Äste der Herzkranzgefäße durch Arteriosklerose (siehe dort)
kurativ	(gegenüber symptomatisch) heilend
Lues	Syphilis
Magenneurose	nervös bedingte Magenkrämpfe
Makrohämaturie	sichtbare Blutbeimengungen zum Urin (Rotfärbung)
Menièresche Krankheit	nach dem französischen Internisten Prosper Menière (1799 -1862) benannte Erkrankung des Innenohrs mit anfallsweisem Drehschwindel, einseitigen Ohrgeräuschen und einseitiger Schwerhörigkeit
Miktion	Wasserlassen, Blasenentleerung
Nephrolithiasis	Nierensteinkrankheit
Niereninsuffizienz	hochgradige Einschränkung der Nierenfunktion
nosologisch	die Krankheitslehre betreffend
Obstipation, habituelle	oder primäre Stuhlverstopfung, sich langsam entwickelnde
Otitis media	Entzündung des Mittelohrs
passager	nur vorübergehend auftretend
Pathographie	Krankheitsbeschreibung
Pathophysiologie	Lehre von den krankhaften Lebensvorgängen und gestörten Funktionen im menschlichen Organismus
pektanginös	mit einer Angina pectoris in Verbindung stehend
Perilymphe	die zwischen dem häutigen und knöchernen Labyrinth (in der Felsenbeinpyramide gelegenes Gehör- und Gleichgewichtsorgan) befindliche klare, eiweißarme Flüssigkeit
Pleuritis	Rippenfellentzündung
Präcordialangst	s. Angina pectoris
Psychose	vielgestaltige, schwere psychische Störung

purinreich	wichtige organische Verbindungen für den Aufbau der Nukleinsäuren
reaktiv	auf Reize reagierend
renal	mit der Niere in Zusammenhang stehend
Resorptionsstörung	Störung der Aufnahme von Stoffen
Rheumatismus	veraltete Bezeichnung für schmerzhafte Beschwerden am Bewegungsapparat
Roemheld-Syndrom	nach dem deutschen Internisten Ludwig Roemheld (1871-1938) benannte Erkrankung mit Herzbeschwerden und Magenschmerzen, Übelkeit
Ruptur	Zerreißung, z.b. Bandruptur, Aortenruptur
Sommerdiarrhoe	im Sommer auftretender dünnflüssiger reichlicher Stuhl (sog. Durchfall)
spastisch	krampfhaft, krampfartig
stenokardischer Anfall	synonym für Angina pectoris (siehe dort)
Symptomentrias	Dreizahl von faßbaren Krankheitszeichen
Syndrom	Gruppe von Krankheitszeichen, die für ein bestimmtes Krankheitsbild mit meist unbekannter Ursache charakteristisch sind
Synkope	sog. Ohnmacht, kurzdauernder Bewußtseinsverlust
Tophi	Knoten, z. B. Gichtknoten
Tripelphosphatsteine	Magnesium-Ammoniumphosphat-Steine (z.b. Blasensteine)
tubogen	über die Ohrtrompete fortgeleitet
Ulcus cruris	Unterschenkelgeschwür
Ureterkolik	Harnleiterkolik bei Harnleitersteinen
Urolithiasis	s. Nephrolithiasis
vegetativ	die Funktion des vegetativen Nervensystems betreffend
zerebral	das Großhirn betreffend
Zyklophrenie	Mischform zwischen verschiedenen Psychose-Gruppen

Namenregister